APRENDER INGLÉS FÁCILMENTE PARA ADULTOS PRINCIPIANTES

HABLA INGLÉS CON CONFIANZA EN 30 DÍAS

3 LIBROS EN 1

APRENDE IDIOMAS FÁCIL

AIF PUBLISHING

ÍNDICE

INTRODUCCIÓN

¡HOLA Y BIENVENIDO A ESTA AVENTURA!

Aprender inglés puede parecer un reto gigantesco, pero aquí estamos para demostrarte que **no tiene que ser complicado ni aburrido**. Este libro será tu compañero de viaje, guiándote paso a paso para que puedas hablar inglés de forma **sencilla, práctica y sin estrés**. Y lo mejor de todo: en **solo 30 días**, estarás comunicándote con más confianza y entendiendo mucho más de lo que imaginas.

Sabemos que aprender un nuevo idioma puede dar un poco de vértigo. A veces parece que hay **demasiadas reglas, demasiadas palabras nuevas y demasiadas dudas**. Pero tranquilo, aquí no hay presión ni exámenes sorpresa. Vamos a aprender **a tu ritmo**, con explicaciones claras, ejemplos reales, ejercicios entretenidos y hasta algunas risas en el camino.

¿POR QUÉ ESTE LIBRO ES PERFECTO PARA TI?

Porque está diseñado pensando en **hispanohablantes como tú**. Sabemos **exactamente** cuáles son las dudas más comunes, en qué trampas solemos caer y **cómo evitarlas**. No queremos que solo aprendas inglés, queremos que **disfrutes el proceso** y que te sientas motivado a seguir avanzando, sin miedo a equivocarte.

Imagina esto:

Dentro de un mes, serás capaz de pedir tu café favorito en inglés sin dudar, entender el significado de tus canciones preferidas o hasta iniciar una conversación con alguien de otro país **sin sentirte perdido**. Todo esto comienza aquí, con este pequeño compromiso que has hecho contigo mismo al abrir este libro.

Y no estarás solo en esta aventura. A lo largo del libro, tendrás acceso **totalmente gratuito** a un **audiolibro de pronunciación** y a un **videocurso complementario**, para que practiques la pronunciación con nativos y refuerces lo aprendido de forma visual y auditiva. Solo necesitas escanear los códigos QR al final de cada capítulo.

¿Listo para comenzar?

No importa si hoy sabes **mucho, poco o nada de inglés**. Lo único que importa es que **estás aquí, listo para aprender algo nuevo y emocionante**. Esta es tu oportunidad, y nosotros vamos a estar contigo en cada paso del camino.

Así que **relájate, busca un lugar cómodo y empecemos**. Al final de estos 30 días, te sorprenderás de lo mucho que has avanzado. Aprender inglés no es una meta imposible, **es una aventura que puede ser divertida y gratificante**.

Y todo empieza con una simple palabra: **hello!** 🙌😊

APRENDE INGLÉS CON LA AYUDA DEL AUDIO DE PRONUNCIACIÓN

¡BIENVENIDO A ESTA EXPERIENCIA DE APRENDIZAJE ÚNICA! 🚀

Sabemos que aprender inglés no solo es cuestión de leer y escribir, **también necesitas escucharlo y acostumbrarte a cómo suena en la vida real**. Por eso, este libro viene acompañado de **audios de pronunciación** para ayudarte a mejorar tu **listening**, tu comprensión lectora y, por supuesto, tu confianza al hablar.

Cada capítulo incluye un **archivo de audio cuidadosamente seleccionado**, donde podrás escuchar la pronunciación de palabras clave y algunos ejemplos en contexto. **De esta manera, no solo verás cómo se escriben las palabras, sino que también aprenderás cómo suenan realmente en inglés.**

¿CÓMO ACCEDER A LOS AUDIOS?

Si estás leyendo la versión en eBook, solo haz clic en el enlace al final de cada capítulo para ir directamente al archivo de audio.

Si tienes la versión impresa, simplemente **escanea el código QR** con tu teléfono y accede en segundos.

Si disfrutas aprender escuchando y quieres tener acceso al **audiolibro completo**, puedes conseguirlo totalmente **gratis** en Audible. De esta forma, podrás practicar en cualquier momento: mientras manejas, cocinas o haces ejercicio.

Descarga tu audiolibro en Audible aquí (próximamente)

Consejo final: Usa estos audios a tu favor. **Escucha, repite, imita la pronunciación y pierde el miedo a hablar.** Cuanto más te expongas al inglés, más rápido mejorarás. ¡Tu inglés fluido está a solo unos clics de distancia!

LIBRO 1: APRENDER INGLÉS FÁCILMENTE PARA ADULTOS - NIVEL PRINCIPIANTES

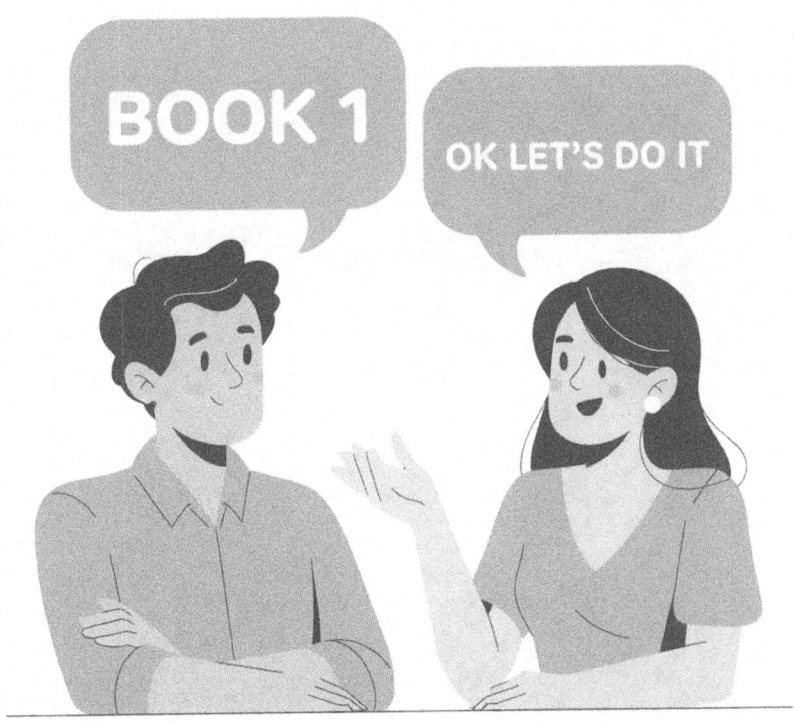

CAPÍTULO 1
¡TU PRIMER PASO AL INGLÉS!

Bienvenido a este viaje hacia el inglés fluido! Antes de lanzarnos a hablar como un nativo, necesitamos construir una base sólida. Y eso es exactamente lo que haremos en este capítulo.

Aprenderás los conceptos esenciales para comenzar a comunicarte en inglés sin enredos. Vamos a conocer las preposiciones más utilizadas, a explorar la pronunciación del abecedario (y cómo se diferencia del español) y a descubrir cómo suenan realmente las vocales en inglés. Además, te daremos algunas frases básicas que te ayudarán a desenvolverte desde el primer día.

Piensa en este capítulo como tu caja de herramientas: aquí encontrarás todo lo que necesitas para empezar a armar tus primeras frases en inglés de forma correcta y sin miedo. Así que prepárate, porque este es solo el comienzo de una gran aventura!

Las consonantes en inglés: suenan parecido… ¡pero no tanto!

El inglés comparte muchas consonantes con el español, pero **su pronunciación puede ser un verdadero reto**. Algunas suenan casi igual, mientras que otras cambian por completo y nos hacen dudar. Para que empieces con confianza, en este capítulo desglosaremos **una por una**, explicándote cómo se pronuncian correctamente y dándote ejemplos útiles para practicarlas.

Además, te guiaremos con una pronunciación simplificada para que puedas intentarlo tú mismo y **empezar a sonar más como un hablante nativo desde el primer día**. ¡No te preocupes si al principio algunas te cuestan! Con práctica y un poco de paciencia, pronto notarás la diferencia. **¡Vamos a ello!**

La letra B

La **B** en inglés se pronuncia igual que en español, juntando los labios y liberando el sonido.

- **Book** (*buk*) → Libro
- **Ball** (*bol*) → Pelota
- **Baby** (*béi-bi*) → Bebé

La letra C

La **C** tiene dos sonidos principales:

√ **Suave** (*como una "S"*) cuando va antes de **E** o **I**:

- **City** (*sí-ti*) → Ciudad
- **Cell** (*sel*) → Celda
- ✓ **Dura** (*como una "K"*) en otros casos:
- **Cat** (*kat*) → Gato
- **Coffee** (*kó-fi*) → Café

La letra D

Similar al español, la **D** se pronuncia colocando la lengua contra los dientes superiores.

- **Dog** (*dog*) → Perro
- **Door** (*dor*) → Puerta
- **Day** (*dei*) → Día

La letra F

Igual que en español, pero más fuerte: los dientes superiores tocan el labio inferior.

- **Fish** (*fish*) → Pez
- **Family** (*fá-mi-li*) → Familia
- **Food** (*fud*) → Comida

La letra G

- ✓ **Dura** (*como "gato"*) en la mayoría de los casos:
- **Go** (*gou*) → Ir
- **Green** (*grin*) → Verde
- ✓ **Suave** (*como "llave"*) en pocas palabras:
- **Genre** (*yán-r*) → Género

La letra H

En inglés, la **H** es una exhalación suave, pero a veces es muda.

- **Hello** (*je-lou*) → Hola
- **House** (*jaus*) → Casa
- **Hour** (*áu-er*) → Hora (*muda*)

La letra J

Suena como una mezcla entre "y" y "ch".

- **Jump** (*yamp*) → Saltar
- **Job** (*yob*) → Trabajo
- **Juice** (*yus*) → Jugo

La letra K

Suena como una "k" fuerte en español, pero es muda antes de "N".

- **Key** (*ki*) → Llave
- **King** (*king*) → Rey

◈ **Knife** (*naif*) → Cuchillo (*muda*)

La letra L

Se pronuncia colocando la lengua contra el paladar, igual que en español.

◈ **Love** (*lov*) → Amor
◈ **Lion** (*lai-on*) → León
◈ **Light** (*lait*) → Luz

La letra M

Misma pronunciación que en español.

◈ **Mom** (*mam*) → Mamá
◈ **Moon** (*mun*) → Luna
◈ **Milk** (*milk*) → Leche

La letra N

También igual que en español, con la lengua tocando el paladar.

◈ **Name** (*neim*) → Nombre
◈ **Night** (*nait*) → Noche
◈ **Nice** (*nais*) → Agradable

La letra P

Es más explosiva que en español.

◈ **Pen** (*pen*) → Pluma
◈ **Party** (*pár-ti*) → Fiesta
◈ **Pencil** (*pén-sil*) → Lápiz

La letra Q

Siempre va seguida de una "U" y suena como "cu".

◈ **Queen** (*kuín*) → Reina
◈ **Quick** (*kuik*) → Rápido
◈ **Question** (*kués-chan*) → Pregunta

La letra R

Diferente a la "R" española, en inglés se pronuncia sin vibración.

◈ **Red** (*red*) → Rojo
◈ **Run** (*ran*) → Correr
◈ **River** (*rí-ver*) → Río

La letra S

Nunca suena como una "Z" española.

- **Sun** (*san*) → Sol
- **Snake** (*sneik*) → Serpiente
- **Smile** (*smail*) → Sonrisa

La letra T
Más fuerte y clara que en español.
- **Table** (*téi-bol*) → Mesa
- **Tea** (*ti*) → Té
- **Tiger** (*tái-ger*) → Tigre

La letra V
Suena como una "F", pero con vibración.
- **Voice** (*vois*) → Voz
- **Victory** (*vík-to-ri*) → Victoria
- **Very** (*ve-ri*) → Muy

La letra W
Suena como una "u" más marcada.
- **Water** (*uó-rer*) → Agua
- **Window** (*uín-dou*) → Ventana
- **Wonderful** (*uón-der-ful*) → Maravilloso

La letra X
Suele sonar como "ks".
- **Box** (*boks*) → Caja
- **Fox** (*foks*) → Zorro
- **Taxi** (*ták-si*) → Taxi

La letra Y
Puede sonar como "i" o como "ll" suave.
- **Yes** (*yes*) → Sí
- **Yellow** (*ye-lo*) → Amarillo
- **You** (*yu*) → Tú

La letra Z
Suena como una "S" vibrante.
- **Zoo** (*zu*) → Zoológico
- **Zero** (*zí-ro*) → Cero
- **Zebra** (*zí-bra*) → Cebra

. . .

¡Ahora te toca a ti! 🎤

Practica la pronunciación de estas consonantes en voz alta. No te preocupes si al principio suenan raras, ¡con el tiempo mejorarás!

Si quieres un extra, escanea el código QR al final del capítulo para escuchar la pronunciación de estas palabras en el **archivo de audio**. ¡Será un gran refuerzo para afinar tu oído y mejorar tu acento! 🎧

Tabla de Sonidos, Consonantes y Ejemplos en Inglés

Sonido	Consonante	Ejemplo	Pronunciación (Fácil para hispanohablantes)	Traducción
/b/	B, BB	Balloon	Ba-lún	Globo
/k/	C, K, CK	Kite	Káit	Cometa
/s/	C+E/I/Y, S	Sun	San	Sol
/ch/	CH, TCH	Chair	Chér	Silla
/d/	D, DD	Dance	Dáns	Bailar
/f/	F, FF, PH	Phone	Fón	Teléfono
/g/	G, GG	Goat	Góut	Cabra
/h/	H	House	Jáus	Casa
/j/	J, G+E/I/Y	Juice	Yús	Jugo
/l/	L, LL	Lamp	Lámp	Lámpara
/m/	M, MM	Moon	Mún	Luna
/n/	N, NN	Nest	Nést	Nido
/p/	P, PP	Pencil	Pénsil	Lápiz
/r/	R, RR	Rabbit	Rábit	Conejo
/s/	S, SS	Snake	Sneik	Serpiente
/t/	T, TT	Table	Téibol	Mesa
/v/	V	Violin	Vaiolín	Violín
/w/	W	Water	Wóter	Agua
/x/	X	Box	Boks	Caja
/y/	Y	Yellow	Yélou	Amarillo
/z/	Z	Zebra	Síbra	Cebra

LAS VOCALES EN INGLÉS: ¡DESCUBRE SUS SECRETOS!

Si pensabas que aprender las vocales en inglés sería fácil porque solo hay cinco letras (*A, E, I, O, U*), ¡te tengo noticias! Estas cinco letras pueden producir más de **12 sonidos diferentes** dependiendo de su combinación con otras letras.

Sí, en español cada vocal tiene un solo sonido, pero en inglés… ¡las vocales son camaleónicas! Cambian según la palabra, la posición dentro de la sílaba e incluso según el acento de quien las pronuncia.

Pero no te preocupes, **vamos a hacerlo fácil**. En este capítulo, aprenderás:

☑ **Los 5 sonidos principales** de las vocales en inglés.

☑ **Las combinaciones más comunes** de dos vocales juntas y sus sonidos especiales.

☑️ **Ejemplos claros y fáciles** para que nunca más dudes cómo pronunciar una palabra.

Así que prepárate, porque después de esto, verás las vocales en inglés con otros ojos… y sobre todo, ¡con otros oídos!

LOS 5 SONIDOS PRINCIPALES DE LAS VOCALES

Cada vocal en inglés tiene al menos **dos formas de pronunciarse**:

1. **Sonido corto:** Similar al español pero más rápido y cerrado.
2. **Sonido largo:** Se pronuncia con mayor apertura y duración, y a veces suena diferente al español.

Veamos cada una con ejemplos y pronunciación simplificada para hispanohablantes:

La vocal A

Sonido corto: Se parece a la "a" española, pero un poco más relajada.
- **Cat** (*kat*) → Gato
- **Apple** (*á-pol*) → Manzana

Sonido largo: Suena más como "ei" en español.
- **Cake** (*keik*) → Pastel
- **Name** (*neim*) → Nombre

La vocal E

Sonido corto: Se parece a la "e" en español, pero más cerrada.
- **Pen** (*pen*) → Pluma
- **Red** (*red*) → Rojo

Sonido largo: Suena más como "ii" en español.
- **These** (*thiiz*) → Estos
- **Tree** (*trii*) → Árbol

La vocal I

Sonido corto: Suena como una "e" rápida en español.
- **Sit** (*set*) → Sentarse
- **Fish** (*fish*) → Pez

Sonido largo: Suena como una "ai" en español.
- **Time** (*taim*) → Tiempo
- **Fine** (*fain*) → Bien

La vocal O

Sonido corto: Suena como una "o" española pero más relajada.
- **Dog** (*dog*) → Perro
- **Hot** (*jat*) → Caliente

Sonido largo: Se pronuncia más como "ou" en español.
- **Go** (*gou*) → Ir
- **Home** (*houm*) → Casa

. . .

La vocal U

Sonido corto: Suena como una "a" cerrada en español.

◈ **Bus** (*bas*) → Autobús
◈ **Cup** (*cap*) → Taza

Sonido largo: Suena más como "iu" en español.

◈ **June** (*yun*) → Junio
◈ **Flute** (*flut*) → Flauta

LAS COMBINACIONES DE VOCALES MÁS COMUNES

Cuando dos vocales aparecen juntas, **a veces cambian por completo su sonido**. Estas son las más comunes:

AI / AY → Suena como "ei" en español.

◈ **Rain** (*rein*) → Lluvia
◈ **Day** (*dei*) → Día

EA / EE → Suena como "ii" en español.

◈ **Beach** (*biich*) → Playa
◈ **Tree** (*trii*) → Árbol

IE → Suena como "ai".

◈ **Pie** (*pai*) → Pastel
◈ **Tie** (*tai*) → Corbata

OU → Suena como "au".

◈ **House** (*jaus*) → Casa
◈ **Mouse** (*maus*) → Ratón

OA → Suena como "ou".

◈ **Boat** (*bout*) → Barco
◈ **Road** (*roud*) → Camino

UI → Suena como "iu".

◈ **Fruit** (*friut*) → Fruta
◈ **Suit** (*siut*) → Traje

OW → Puede sonar como "au" o "ou" según la palabra.

◈ **Cow** (*kau*) → Vaca
◈ **Window** (*wín-dou*) → Ventana

¡HORA DE PRACTICAR! 🎤

Para mejorar tu pronunciación:

   ✅ **Escucha los audios** con la pronunciación de estas palabras (escanea el QR al final del capítulo).

   ✅ **Di las palabras en voz alta** varias veces.

   ✅ **Imita a hablantes nativos** (las canciones y películas en inglés pueden ayudarte mucho).

   Reto extra: Grábate diciendo algunas de estas palabras y compáralo con la pronunciación nativa. ¡Verás cómo mejoras día a día!

Cuadro de los 5 sonidos principales de las vocales

A continuación, veremos cada vocal con su sonido más representativo, junto con ejemplos y su pronunciación:

Vocal	Sonido	Ejemplo	Pronunciación (Fácil para hispanohablantes)	Traducción
A	/æ/	Apple	Á-pol	Manzana 🍎
E	/ɛ/	Elephant	É-le-fant	Elefante 🐘
I	/ɪ/	Igloo	Íg-lu	Iglú 🛖
O	/ɒ/	Octopus	Ók-to-pus	Pulpo 🐙
U	/ʌ/	Umbrella	Am-bré-la	Paraguas ☂️

Los 7 sonidos de combinaciones de dos vocales

Cuando dos vocales se combinan, forman sonidos diferentes. Estos sonidos son muy comunes en el inglés y es esencial aprenderlos para mejorar tu pronunciación. Aquí te presentamos los 7 más importantes:

Combinación	Sonido	Ejemplo	Pronunciación (Fácil para hispanohablantes)	Traducción
AI, AY	/ei/	Rain	Rein	Lluvia 🌧️
EA, EE	/i:/	Beach	Bích	Playa 🏖️
IE	/ai/	Pie	Pái	Pastel 🥧
OU	/aʊ/	House	Jáus	Casa 🏠
OA	/oʊ/	Boat	Bóut	Barco ⛵
UI	/ju:/	Fruit	Frút	Fruta 🍓
OW	/aʊ/ o /oʊ/	Cow, Window	Káu, Wíndou	Vaca 🐄, Ventana 🪟

Consejos para aprender los sonidos de las vocales

- **Practica en voz alta:** Escucha palabras que incluyan estos sonidos y repítelas. La repetición es clave para afinar tu oído.
- **Usa aplicaciones de pronunciación:** Hay muchas herramientas que te permiten escuchar y comparar tu pronunciación con hablantes nativos.
- **No te preocupes por ser perfecto:** Es normal que te lleve tiempo dominar todos los sonidos. Lo importante es practicar y mejorar poco a poco.

Con estas bases, ¡estás listo para continuar tu aprendizaje y perfeccionar tu inglés! Practica estos sonidos y observa cómo tu pronunciación mejora con el tiempo.

Nota importante sobre las vocales y diptongos

Como hemos reducido los 12 sonidos vocálicos en inglés a 5 para facilitar el aprendizaje, es fundamental saber que las vocales pueden variar en duración y forma de pronunciarse. Por esta razón, usaremos minúsculas para representar las vocales cortas y mayúsculas para las largas en nuestras guías de pronunciación.

En cuanto a los diptongos (las combinaciones de dos vocales), debes tener en cuenta que el sonido de la segunda vocal suele ser más breve y suave que el de la primera. Esto es distinto al español, donde ambas vocales en un diptongo se pronuncian con la misma intensidad y duración. Esta diferencia puede parecer sutil al principio, pero con práctica se volverá más fácil de identificar y reproducir.

EL ABECEDARIO EN INGLÉS: ¡TU PRIMER PASO HACIA LA FLUIDEZ!

El inglés y el español comparten el mismo **alfabeto de 26 letras**, pero si crees que suenan igual, ¡piénsalo de nuevo! Aunque las letras son las mismas, **su pronunciación puede ser completamente diferente**.

Veamos algunas diferencias clave que debes conocer antes de empezar:

☑ **La pronunciación cambia**: En español, cada letra tiene un único sonido, pero en inglés, su pronunciación puede variar dependiendo de la palabra. Por ejemplo, la letra "A" se pronuncia "ei" en el abecedario, pero dentro de una palabra puede sonar diferente, como en *apple* (*á-pol*).

☑ **No existe la "Ñ"**: A diferencia del español, el inglés **no tiene la letra "Ñ"**. Si ves una palabra con sonido similar, como en *canyon*, es porque se usa "NY" para imitar el sonido.

☑ **Las vocales son camaleónicas**: En inglés, las vocales pueden cambiar de sonido dependiendo de su combinación con otras letras. Por ejemplo, la "O" en *hot* (*jat*) suena diferente a la "O" en *home* (*houm*).

Aprende el abecedario en inglés con facilidad

A continuación, encontrarás una tabla con todas las letras del alfabeto en inglés, junto con su pronunciación simplificada para hispanohablantes.

🎧 **TIP:** Escanea el código QR al final del capítulo para escuchar la pronunciación correcta y practica en voz alta. ¡Repetir en voz alta es la clave para aprender más rápido!

Pronunciación del Abecedario en Inglés

Letra	Pronunciación (Fácil para hispanohablantes)
A	*Ei*
B	*Bi*
C	*Si*
D	*Di*
E	*I*
F	*Ef*
G	*Yi*
H	*Eich*
I	*Ai*
J	*Yei*
K	*Kei*
L	*El*
M	*Em*
N	*En*
O	*Ou*
P	*Pi*
Q	*Kiu*
R	*Ar*
S	*Es*
T	*Ti*
U	*Iu*
V	*Vi*
W	*Dabliu*
X	*Eks*
Y	*Uai*
Z	*Zi (o "Zed" en inglés británico)*

Nota sobre las diferencias con el español

En español, la pronunciación de las letras del abecedario está directamente relacionada con el sonido que producen en las palabras, lo que lo hace más predecible. En inglés, esto no siempre ocurre. Por ejemplo, la "G" en la palabra "go" suena diferente que en "genre". Además, la "Z" en inglés americano suena como "zi", mientras que en inglés británico se pronuncia "zed".

Con esta tabla y notas adicionales, ya tienes una herramienta clara para practicar el abecedario en inglés. ¡Intenta repetir cada letra en voz alta para familiarizarte con los sonidos!

SALUDOS Y DESPEDIDAS EN INGLÉS: ¡EMPIEZA A HABLAR DESDE YA!

Ahora que ya tienes una idea de cómo funciona la **pronunciación en inglés**, es hora de dar el siguiente paso: **aprender a saludar y despedirte como un verdadero hablante de inglés**.

Los saludos y despedidas son la base de cualquier conversación, y dominarlos te permitirá **iniciar y cerrar interacciones con confianza**. Además, dependiendo del contexto, puedes optar por **saludos formales o informales**.

A continuación, te presentamos algunos de los **saludos y despedidas más comunes**, junto con su pronunciación simplificada para hispanohablantes y su significado en español.

TIP: Escanea el código QR al final del capítulo para escuchar la pronunciación correcta y practicar en voz alta. ¡La clave está en la repetición!

Cuadro de Saludos y Despedidas en Inglés

Expresión	Pronunciación (Fácil para hispanohablantes)	Traducción
Hello	*He-lou*	Hola
Hi	*Jai*	Hola (informal)
Good morning	*Gud mór-ning*	Buenos días
Good afternoon	*Gud af-ter-nun*	Buenas tardes
Good evening	*Gud ív-ning*	Buenas noches
Goodbye	*Gud-bai*	Adiós
Bye	*Bai*	Chao
See you later	*Si-yu léi-ter*	Nos vemos luego
Take care	*Teik kér*	Cuídate
Have a good day	*Jav a gud dei*	Que tengas un buen día

Consejos para usar saludos y despedidas

Contexto formal e informal: Usar "Hello" y "Good morning" es más formal, mientras que "Hi" y "Bye" son más informales.

- **Practica la entonación:** La forma en que dices estas expresiones puede cambiar el tono de la conversación. Practica para sonar amigable y claro.
- **Usa expresiones en contexto:** Intenta usar estas frases en conversaciones simples para familiarizarte con ellas.

¡Con estos saludos y despedidas, estás listo para empezar a comunicarte en inglés desde el primer día! Practica en voz alta y comienza a integrarlos en tu día a día.

Frases Básicas en Inglés

Frase	Pronunciación (Fácil para hispanohablantes)	Traducción
What is your name?	*Wuat is yor neim?*	¿Cómo te llamas?
My name is...	*Mai neim is...*	Me llamo...
How are you?	*Jau ar iu?*	¿Cómo estás?
I am fine, thank you.	*Ai am fain, zank iu.*	Estoy bien, gracias.
Where are you from?	*Wer ar iu from?*	¿De dónde eres?
I am from...	*Ai am from...*	Soy de...
Can you help me?	*Can iu help mi?*	¿Puedes ayudarme?
I don't understand.	*Ai dont anderstánd.*	No entiendo.
Please repeat that.	*Plis ripít dat.*	Por favor, repite eso.
How much is this?	*Jau mach is dis?*	¿Cuánto cuesta esto?
Excuse me.	*Ekskius mi.*	Disculpe.
Thank you.	*Zank iu.*	Gracias.

Estas frases son básicas pero muy útiles para comenzar a comunicarte en inglés. Intenta practicarlas en voz alta, prestando atención a la pronunciación. ¡Poco a poco te sentirás más cómodo usándolas en conversaciones reales!

LOS NÚMEROS EN INGLÉS: ¡APRENDE A CONTAR COMO UN NATIVO!

Los **números** son una de las primeras cosas que necesitas aprender en cualquier idioma. Desde decir tu edad hasta pedir comida o dar tu número de teléfono, dominar los números en inglés te facilitará muchas situaciones cotidianas.

Lo Básico: Del 0 al 10

Al igual que en español, los números del **0 al 10** tienen nombres únicos que debes memorizar. Pero no te preocupes, porque los verás y escucharás **todo el tiempo**, así que aprenderlos será fácil.

Patrones a partir del 11

Desde el **11 en adelante**, el inglés tiene algunas formas irregulares que debes recordar, pero después del **20**, las cosas se vuelven más sencillas. A partir del 30, la formación de los números sigue un **patrón predecible**:

☑ **Decena + unidad** → Solo agregas el número de la unidad al número de la decena. Ejemplos:

- **38** → Thirty-eight
- **46** → Forty-six
- **84** → Eighty-four

Guiones en los Números

Un detalle importante es que en inglés **se utilizan guiones (-) para unir la decena y la unidad**, como en *twenty-five* (25) o *sixty-seven* (67). No olvides escribirlos correctamente.

📖 **TIP:** La mejor manera de aprender los números en inglés es **practicándolos en voz alta**. Escanea el código QR al final del capítulo para escuchar su pronunciación y repítelos hasta que se sientan naturales.

A continuación, encontrarás una tabla con los números en inglés, su forma escrita y su pronunciación. ¡Vamos a contar juntos!

Cuadro de Números en Inglés

Número	Forma Escrita	Pronunciación (Fácil para hispanohablantes)
0	Zero	*Sí-ro*
1	One	*Uan*
2	Two	*Tú*
3	Three	*Zrí*
4	Four	*For*
5	Five	*Faiv*
6	Six	*Siks*
7	Seven	*Sé-ven*
8	Eight	*Eit*
9	Nine	*Nain*
10	Ten	*Ten*
11	Eleven	*I-lé-ven*
12	Twelve	*Tuélv*
20	Twenty	*Tuén-ti*
30	Thirty	*Zér-ti*
100	One hundred	*Uan ján-dred*

Practica estos números en voz alta y familiarízate con su pronunciación. Una vez dominados, podrás usarlos fácilmente en cualquier contexto diario, como dar tu número de teléfono o decir tu edad.

LOS DÍAS DE LA SEMANA EN INGLÉS: ¡NUNCA MÁS LOS OLVIDARÁS!

Aprender los **días de la semana** en inglés es esencial para hablar de planes, agendar reuniones o simplemente contarle a alguien qué hiciste el fin de semana.

¿En qué se diferencian del español?

☑ **Estructura y uso similares:** Los días de la semana en inglés funcionan igual que en español.

▣ **Siempre con mayúscula:** A diferencia del español, en inglés los días de la semana **siempre se escriben con mayúscula inicial.**

📖 **TIP:**

Para recordarlos mejor, intenta decir en voz alta lo que harás cada día. Por ejemplo: *"On Monday, I go to the gym"* (El lunes voy al gimnasio).

A continuación, te presentamos una tabla con los días de la semana, su pronunciación simplificada para hispanohablantes y su traducción al español. ¡Practica y agrégales tu propia rutina diaria!

CUADRO DE LOS DÍAS DE LA SEMANA

Día de la Semana	Pronunciación (Fácil para hispanohablantes)	Traducción
Monday	*Món-dei*	Lunes
Tuesday	*Tius-dei*	Martes
Wednesday	*Wens-dei*	Miércoles
Thursday	*Zers-dei*	Jueves
Friday	*Frái-dei*	Viernes
Saturday	*Sá-tu-dei*	Sábado
Sunday	*Són-dei*	Domingo

Recuerda practicar la pronunciación en voz alta y familiarizarte con la forma en que se escriben. ¡Ahora puedes organizar tu semana en inglés!

Palabras Relacionadas con los Días

Además de los días de la semana, es importante aprender palabras clave relacionadas con el tiempo y los días. Estas palabras son muy útiles para hablar sobre el pasado, el presente y el futuro. A continuación, te presentamos un cuadro con algunas de las palabras más comunes, su pronunciación y su traducción al español:

VOCABULARIO DE TIEMPO

Palabra	Pronunciación (Fácil para hispanohablantes)	Traducción
Today	*Tu-déy*	Hoy
Tomorrow	*Tu-mórr-ou*	Mañana
Yesterday	*Yés-ter-déy*	Ayer
Tonight	*Tu-náit*	Esta noche
Morning	*Mór-ning*	Mañana (temprano)
Afternoon	*Af-ter-nún*	Tarde
Evening	*Ív-ning*	Noche (temprano)
Weekend	*Wí-kend*	Fin de semana

Estas palabras son esenciales para hablar sobre actividades y organizar tu tiempo. Practícalas en voz alta y úsalas en frases simples para acostumbrarte a su pronunciación y uso. ¡Estás progresando muy bien!

EJERCICIOS PARA PRACTICAR DEL CAPÍTULO 1

Ahora es momento de poner a prueba lo aprendido. Recuerda repetir en voz alta cada palabra y oración para mejorar tu pronunciación.

> ✎ ¡Ojo! (si estás en versión eBook) Como en el eBook no se puede escribir directamente, toma tu cuaderno favorito o una hoja suelta para apuntar tus respuestas. Así lo aprovechas al máximo y aprendes mucho más. ¡Manos a la obra!

Ejercicio 1: Pronunciación de Letras

Escribe cómo se pronuncian las siguientes letras en inglés (usa la pronunciación simplificada para hispanohablantes):

1. A →
2. B →
3. Z →

Ejercicio 2: Verdadero o Falso – Pronunciación de Letras

Indica si las siguientes afirmaciones son **verdaderas (V) o falsas (F)**:

1. La letra **H** en inglés suena igual que en español.
2. La letra **G** en inglés se pronuncia como "yi" en algunas palabras.
3. La letra **W** en inglés suena como "doble ve".
4. La **Z** en inglés británico se pronuncia "zee".

Ejercicio 3: Deletreo de Palabras

Escribe cómo se deletrea la palabra **"dog"** en inglés.

Ejercicio 4: Elige el Saludo Correcto

¿Cuál de estas opciones usarías en una conversación **informal**?
a) Hello
b) Hi
c) Good morning

Ejercicio 5: Formas Informales en Inglés

Reescribe estas frases de manera más natural e informal:

1. **How are you?** →
2. **Goodbye.** →
3. **I am fine, thank you.** →

———

RESPUESTAS

Ejercicio 1: Pronunciación de Letras

1. A → **ei**
2. B → **bi**
3. Z → **zi** (o **zed** en inglés británico)

Ejercicio 2: Verdadero o Falso – Pronunciación de Letras

1. (F) La **H** en inglés suena como una exhalación de aire, no como en español.
2. (V) La **G** puede sonar como "yi" en algunas palabras, como *giraffe* (**yi-raf**).
3. (F) La **W** no se pronuncia "doble ve", sino más como "gu".
4. (F) En inglés británico, la **Z** se pronuncia "zed", no "zee".

Ejercicio 3: Deletreo de Palabras
"Dog" se deletrea **D-O-G**.

Ejercicio 4: Elige el Saludo Correcto
Respuesta: b) Hi (es más informal que "Hello").

Ejercicio 5: Formas Informales en Inglés

1. **How are you?** → **What's up?**
2. **Goodbye.** → **See ya!**
3. **I am fine, thank you.** → **I'm good, thanks.**

AUDIOLIBRO DE PRONUNCIACIÓN BOOK 1 - CHAPTER 1

Usa estos audios a tu favor. **Escucha, repite, imita la pronunciación y pierde el miedo a hablar**. Cuanto más te expongas al inglés, más rápido mejorarás. ¡Tu inglés fluido está a solo unos clics de distancia!

BOOK 1 - CHAPTER 1

BOOK 1 - CHAPTER 1-2

CAPÍTULO 2
¡HABLEMOS DE NOSOTROS!

PRESENTARNOS Y CONOCER A OTROS

Ahora imagina que viajas a un país de habla inglesa y alguien se acerca a saludarte. ¡Es tu momento de brillar! Pero, ¿sabes exactamente cómo presentarte? No te preocupes, porque en este capítulo aprenderás todo lo necesario para hablar de ti mismo y conocer a los demás de manera natural y sin complicaciones.

Empezaremos con lo esencial: **los pronombres personales**, esas pequeñas palabras mágicas que usamos para hablar de nosotros mismos y de otras personas. Luego, nos adentraremos en el **verbo "to be"** (ser o estar), uno de los más importantes en inglés, ya que te permitirá decir quién eres, de dónde vienes y qué haces.

Pero eso no es todo. También incorporaremos **vocabulario clave sobre profesiones y nacionalidades**, porque no hay mejor manera de conocer a alguien que preguntándole qué hace o de qué país es.

Este capítulo no solo te enseñará a construir frases básicas, sino que te ayudará a ganar confianza para **tener tus primeras conversaciones en inglés**. No importa si estás conociendo a un nuevo amigo, hablando con un compañero de trabajo o simplemente practicando en un viaje, con lo que aprenderás aquí podrás desenvolverte sin problemas.

Así que… **Let's get started!**

PRONOMBRES PERSONALES EN INGLÉS

Los pronombres personales son palabras clave en cualquier idioma porque nos permiten referirnos a personas sin repetir sus nombres constantemente. En inglés, funcionan de manera similar al español, pero con algunas diferencias que vamos a explorar. ¡Vamos a verlos en acción!

Pronombre en Inglés	Traducción	Diferencias con el Español
I	Yo	Siempre se escribe con mayúscula, sin importar en qué parte de la frase esté.
You	Tú, Usted	No hay distinción formal/informal como en español. Se usa *you* para ambas.
He	Él	Solo se usa para hombres.
She	Ella	Solo se usa para mujeres.
It	Eso/Esa	Usado para cosas, animales o conceptos, a diferencia del español, que tiene género gramatical.
We	Nosotros/Nosotras	En inglés, no hay distinción de género (nosotros/nosotras).
You (plural)	Ustedes/Vosotros	Igual que *you* singular, pero para un grupo. No hay diferencia entre formal e informal.
They	Ellos/Ellas	Tampoco tiene distinción de género como en español.

Diferencias Clave entre los Pronombres en Inglés y Español

El inglés y el español tienen muchas similitudes, pero cuando se trata de pronombres personales, hay algunas diferencias importantes que debes conocer. Aquí te explicamos los puntos clave que te ayudarán a usarlos correctamente sin confundirte.

1. El uso de "it"

En inglés, **"it"** es un pronombre neutro que no tiene una traducción directa al español. Se usa para referirse a **objetos, animales (cuando no sabemos su género o no es relevante) y conceptos abstractos**.

☑ **Ejemplos:**
◆ *It is a book.* → **Es un libro.**
◆ *It is raining.* → **Está lloviendo.**

En español solemos omitir el sujeto en frases como "Está lloviendo", pero en inglés **siempre** se necesita un sujeto, aunque sea "it".

2. El inglés no distingue género en el plural

En español diferenciamos entre **"nosotros"** y **"nosotras"** según el género del grupo, pero en inglés, **"we"** se usa para todos, sin importar si el grupo es solo de hombres, solo de mujeres o mixto.

☑ **Ejemplo:**
◆ *We are friends.* → **Nosotros/as somos amigos/as.**

3. "You" sirve para el trato formal e informal

En español distinguimos entre **"tú"** (informal) y **"usted"** (formal), así como entre **"vosotros/as"** (informal, plural) y **"ustedes"** (formal, plural). En inglés, todo se resume en **"you"**, sin importar el nivel de formalidad.

☑ **Ejemplos:**
◆ *You are my teacher.* → **Usted es mi profesor/a.** (formal)
◆ *You are my best friend.* → **Tú eres mi mejor amigo/a.** (informal)

Para marcar formalidad en inglés, se usa más el **tono de voz y el contexto**, en lugar de cambiar el pronombre.

4. Pronombres neutros y modernos

El inglés ha adoptado **"they/them"** como pronombres neutros para referirse a una persona que no se identifica con los géneros masculino o femenino. También se usa "they" en contextos en los que el género es desconocido o irrelevante.

☑ **Ejemplo:**
◈ *Taylor is my friend. They are very kind.* → **Taylor es mi amigo/a. Ellxs son muy amables.**
Este uso de "they" en singular es cada vez más común y aceptado en el idioma.

PRONOMBRES PERSONALES: SINGULAR Y PLURAL

Los pronombres personales son esenciales en cualquier conversación. Son esas pequeñas palabras que usamos todo el tiempo para hablar de nosotros mismos, de la persona con la que estamos conversando o de otras personas y cosas. **Sin ellas, el lenguaje sería un caos total.**

En inglés, al igual que en español, los pronombres se dividen en **singular y plural**, y también en **primera, segunda y tercera persona**. Pero, como siempre, hay algunas diferencias que hacen que el inglés tenga su propio estilo.

Vamos a conocerlos con ejemplos para que los recuerdes sin esfuerzo.

Primera Persona: Hablando de nosotros mismos
 ☑ **Singular:** *I* → **Yo**
 ☑ **Plural:** *We* → **Nosotros/Nosotras**
 Ejemplo:
 ◈ *I love learning English!* → **¡Me encanta aprender inglés!**
 ◈ *We are in class right now.* → **Estamos en clase ahora mismo.**
 ◈ **DATO CLAVE:** En inglés, la palabra *"I"* **siempre** se escribe con mayúscula, sin importar en qué parte de la oración esté. 🖐 *i love english* ✗ → *I love English* ☑

Segunda Persona: Hablando directamente con alguien
 ☑ **Singular y Plural:** *You* → **Tú, Usted, Ustedes, Vosotros/Vosotras**
 Ejemplo:
 ◈ *You are my best friend.* → **Tú eres mi mejor amigo/a.**
 ◈ *You are all invited to my birthday party!* → **¡Todos están invitados a mi fiesta de cumpleaños!**
 ◈ **OJO:** En inglés, *you* es universal. No importa si estás hablando con una persona o con un grupo de amigos, siempre usarás *you*. Lo único que cambia es el contexto.

Tercera Persona: Hablando de otras personas o cosas
 ☑ **Singular:** *He* (Él) / *She* (Ella) / *It* (Para objetos, animales o ideas)
 ☑ **Plural:** *They* (Ellos / Ellas)
 Ejemplo:
 ◈ *He is a great teacher.* → **Él es un gran profesor.**
 ◈ *She loves coffee.* → **Ella ama el café.**
 ◈ *It is raining.* → **Está lloviendo.**
 ◈ *They are my best friends.* → **Ellos/Ellas son mis mejores amigos/as.**
 ◈ **TIP IMPORTANTE:** *It* se usa para **cosas, animales y conceptos abstractos**. Sin embargo, si hablas de una mascota y le das un valor más personal, puedes usar *he* o *she*.
 El Pronombre Neutro: "It"
 En inglés, existe un pronombre neutro que no tenemos en español: *it*. Este pronombre se utiliza para referirse a cosas, animales (cuando no especificamos género) o conceptos abstractos.

Por ejemplo:

- *It is a nice day.* → Es un buen día.
- *The dog is barking. It is hungry.* → El perro está ladrando. Está hambriento.

En los últimos años, también ha ganado popularidad el uso de *they/them* como un pronombre neutro para referirse a personas que no se identifican con un género binario.

Ejemplo:

- *Alex is my coworker. They are very talented.*
- (Alex es mi compañero/a de trabajo. Ellxs son muy talentosos/as).

Ejemplos de Casos Diarios

1. *I am going to the store.* → Voy a la tienda.
2. *She is my best friend.* → Ella es mi mejor amiga.
3. *They are from Canada.* → Ellos/Ellas son de Canadá.
4. *We have a meeting at 3 PM.* → Nosotros/Nosotras tenemos una reunión a las 3 PM.
5. *You look happy today.* → Tú/Usted/Ustedes se ven felices hoy.
6. *It is raining outside.* → Está lloviendo afuera.
7. *He works as a teacher.* → Él trabaja como profesor.
8. *Do you need help?* → ¿Necesitas/ necesitan ayuda?
9. *We love traveling together.* → Nos encanta viajar juntos/as.
10. *The cat is sleeping. It looks so cute.* → El gato está durmiendo. Se ve tan lindo.

ADJETIVOS POSESIVOS EN INGLÉS: ¡HABLEMOS DE LO QUE ES NUESTRO!

Los **adjetivos posesivos** son esas pequeñas palabras mágicas que usamos para decir que algo nos pertenece o que tiene una relación con alguien. Son como etiquetas que ponemos en las cosas para dejar claro **de quién son**.

A diferencia del español, los adjetivos posesivos en inglés **nunca cambian de género ni número**. Es decir, no importa si el sustantivo es singular o plural, masculino o femenino: **el adjetivo posesivo siempre se mantiene igual**. ¡Qué fácil!

Veamos algunos ejemplos para entenderlo mejor:

☑ **My book → Mi libro** 📖
☑ **Your dog → Tu perro** 🐶
☑ **His car → Su coche (de él)** 🚗
☑ **Her phone → Su teléfono (de ella)** 📱
☑ **Its tail → Su cola (de un animal u objeto)** 🦊
☑ **Our house → Nuestra casa** 🏡
☑ **Their friends → Sus amigos** 👫

Como puedes ver, **no importa si el objeto es singular o plural, el adjetivo posesivo no cambia**. Por ejemplo:

◆ **My book** (Mi libro) 📚 → **My books** (Mis libros) 📚📚
◆ **Their house** (Su casa) 🏠 → **Their houses** (Sus casas) 🏘

⬤ **¡Cuidado!** No confundas los adjetivos posesivos con los pronombres posesivos. Los adjetivos **siempre van antes del sustantivo** y no pueden usarse solos.

Cuadro de Adjetivos Posesivos

Adjetivo Posesivo	Pronunciación	Significado
My	Mai	Mi
Your	Yor	Tu / Tus
His	Jis	Su (de él)
Her	Jer	Su (de ella)
Its	Its	Su (de algo o animal)
Our	Auer	Nuestro/a/os/as
Your	Yor	Su / Sus (de ustedes)
Their	Der	Su / Sus (de ellos/as)

Puntos clave sobre los adjetivos posesivos en inglés

1. **Inmutabilidad**: No cambian según el género o número del sustantivo.
2. Ejemplo:
   - *My car* → Mi coche.
   - *My cars* → Mis coches.
3. **"Its"**: Se usa solo para cosas, conceptos o animales.
4. Ejemplo:
   - *The dog lost its collar.* → El perro perdió su collar.
5. **Diferencia entre "your" y "their"**:
6. Aunque ambos significan "su / sus", *your* se refiere a la persona con la que hablas, mientras que *their* se refiere a otras personas o cosas.

Ejemplos con Adjetivos Posesivos (Con Pronunciación Fonética)

1. *This is **my** book.* (ðɪs ɪz maɪ bʊk)
2. → Este es **mi** libro.
3. *Is that **your** car?* (ɪz ðæt jʊr kɑːr)
4. → ¿Ese es **tu** carro?
5. *He forgot **his** wallet at home.* (hi fəˈɡɒt hɪz ˈwɒ.lɪt æt hoʊm)
6. → Él olvidó **su** billetera en casa.
7. *She is looking for **her** keys.* (ʃi ɪz ˈlʊk.ɪŋ fɔːr hɜːr kiːz)
8. → Ella está buscando **sus** llaves.
9. *The cat is eating **its** food.* (ðə kæt ɪz ˈiː.tɪŋ ɪts fuːd)
10. → El gato está comiendo **su** comida.
11. *This is **our** favorite restaurant.* (ðɪs ɪz ˈaʊr ˈfeɪ.vər.ɪt ˈrɛs.trɒnt)
12. → Este es **nuestro** restaurante favorito.
13. *Are those **your** shoes?* (ɑːr ðoʊz jʊr ʃuːz)
14. → ¿Esos son **sus** zapatos?
15. *They love **their** new house.* (ðeɪ lʌv ðɛr nuː haʊs)
16. → Ellos/Ellas aman **su** nueva casa.
17. *Can I borrow **your** pen?* (kæn aɪ ˈbɒr.oʊ jʊr pɛn)
18. → ¿Puedo usar **tu** pluma?
19. *We are proud of **our** team.* (wi ɑːr praʊd ʌv ˈaʊr tiːm)
20. → Estamos orgullosos de **nuestro** equipo.

PRONOMBRES POSESIVOS EN INGLÉS: ¡HABLEMOS DE LO QUE ES NUESTRO!

Los **pronombres posesivos** en inglés son como guardianes del territorio: **nos ayudan a indicar posesión o propiedad**, pero con una diferencia clave respecto a los adjetivos posesivos. En lugar de acompañar al sustantivo, **lo reemplazan completamente**.

¿Qué significa esto? Que no necesitamos decir el sustantivo otra vez, porque el pronombre posesivo ya deja claro de qué estamos hablando.

✅ **That is my book.** *(Ese es mi libro.)*

✅ **That book is mine.** *(Ese libro es mío.)*

En la primera oración usamos **my** (adjetivo posesivo) porque acompaña a "book".

En la segunda oración usamos **mine** (pronombre posesivo) porque **reemplaza a "book"** y ya no es necesario repetirlo.

Pronombres Posesivos

Adjetivo posesivo → Pronombre posesivo

◆ **My → Mine** *(Mío/a/os/as)*

◆ **Your → Yours** *(Tuyo/a/os/as)*

◆ **His → His** *(Suyo, de él)*

◆ **Her → Hers** *(Suyo, de ella)*

◆ ****Its →** (No tiene pronombre posesivo, se usa otra estructura)_

◆ **Our → Ours** *(Nuestro/a/os/as)*

◆ **Their → Theirs** *(Suyo/a/os/as, de ellos/ellas)*

Ejemplos en contexto

✅ **This phone is mine.** *(Este teléfono es mío.)*

✅ **Is this jacket yours?** *(¿Esta chaqueta es tuya?)*

✅ **That house is theirs.** *(Esa casa es de ellos.)*

✅ **The decision is hers.** *(La decisión es de ella.)*

✅ **These seats are ours.** *(Estos asientos son nuestros.)*

Consejo rápido: Recuerda que los pronombres posesivos **siempre se usan solos** y **nunca necesitan un sustantivo después**.

◆ ❌ **This is my.** → Incorrecto ❌

◆ ✅ **This is mine.** → Correcto ✅

Diferencia entre Adjetivos Posesivos y Pronombres Posesivos

Adjetivos Posesivos	Pronombres Posesivos
Acompañan a un sustantivo.	Reemplazan al sustantivo.
Ejemplo: *This is my book.* (Este es mi libro).	Ejemplo: *This book is mine.* (Este libro es mío).
No se usan solos, siempre necesitan un sustantivo.	Se usan solos, sin necesidad de un sustantivo.
My, your, his, her, its, our, their.	Mine, yours, his, hers, its, ours, theirs.

Reglas Gramaticales de los Pronombres Posesivos

1. **Siempre van solos:**

2. A diferencia de los adjetivos posesivos, los pronombres posesivos nunca acompañan un sustantivo.
   - Incorrecto: *This is mine book.*
   - Correcto: *This book is mine.*
3. **No cambian por género ni número:**
4. Los pronombres posesivos en inglés son invariables. No importa si el objeto poseído es singular, plural, masculino o femenino, el pronombre posesivo será el mismo.
   - *This car is ours.* (singular)
   - *These cars are ours.* (plural)
5. **Posición en la frase:**
6. Generalmente se colocan al final de la oración, aunque pueden estar en otras posiciones dependiendo de la estructura.
   - Ejemplo: *That house is theirs.*
   - Ejemplo: *Whose bag is this? It's mine.*
7. **"Its" no se usa como pronombre posesivo independiente:**
8. Aunque *its* es un adjetivo posesivo (su, de algo o animal), no existe como pronombre posesivo. En su lugar, se reestructura la frase.
   - Ejemplo: *The cat is eating. The food is its.* → Esto no es correcto.
   - Ejemplo correcto: *The cat is eating its food.*

Cuadro de Pronombres Posesivos

Pronombre Posesivo	Pronunciación	Significado
Mine	Main	Mío/a
Yours	Yors	Tuyo/a, Suyo/a (singular/plural)
His	Jis	Suyo/a (de él)
Hers	Jers	Suyo/a (de ella)
Ours	Aurs	Nuestro/a, Nuestros/as
Theirs	Ders	Suyo/a, Suyos/as (de ellos/ellas)

Ejemplos

1. *This jacket is mine.*
2. → Esta chaqueta es mía.
3. *That phone is yours.*
4. → Ese teléfono es tuyo.
5. *The book is his.*
6. → El libro es suyo (de él).
7. *The house is hers.*
8. → La casa es suya (de ella).
9. *The decision is ours.*
10. → La decisión es nuestra.
11. *These bags are theirs.*
12. → Estas bolsas son suyas (de ellos/ellas).

PREGUNTAS PARA CONOCER A ALGUIEN: ¡ROMPE EL HIELO EN INGLÉS!

¿Quieres empezar una conversación en inglés pero no sabes por dónde comenzar? **¡No te preocupes!** Aquí tienes una lista de preguntas súper útiles para conocer a alguien y algunas respuestas que te ayudarán a sentirte más seguro al hablar.

Consejo: Las conversaciones fluyen mejor cuando muestras interés en la otra persona, así que **escucha con atención y haz preguntas de seguimiento**. ¡Verás cómo todo se hace más fácil!

Preguntas básicas para presentarse

- **What's your name?** (¿Cómo te llamas?)
- **My name is Daniel.** (Me llamo Daniel.)
- **Where are you from?** (¿De dónde eres?)
- **I'm from Spain.** (Soy de España.)
- **What do you do for a living?** (¿A qué te dedicas?)
- **I'm a teacher.** (Soy profesor.)
- **How old are you?** (¿Cuántos años tienes?)
- **I'm 30 years old.** (Tengo 30 años.)
- **Do you have any hobbies?** (¿Tienes algún pasatiempo?)
- **Yes, I love playing the guitar.** (Sí, me encanta tocar la guitarra.)

Preguntas para conocer mejor a alguien

- **What's your favorite food?** (¿Cuál es tu comida favorita?)
- **I love pizza!** (¡Me encanta la pizza!)
- **Do you like traveling?** (¿Te gusta viajar?)
- **Yes, I do. I love visiting new places.** (Sí, me encanta visitar nuevos lugares.)
- **What kind of music do you like?** (¿Qué tipo de música te gusta?)
- **I like pop and rock music.** (Me gusta la música pop y rock.)
- **Do you have any pets?** (¿Tienes mascotas?)
- **Yes, I have a dog and a cat.** (Sí, tengo un perro y un gato.)
- **What do you usually do on weekends?** (¿Qué sueles hacer los fines de semana?)
- **I usually go out with my friends.** (Suelo salir con mis amigos.)

Preguntas para conversaciones más profundas:

- **What's your dream job?** (¿Cuál es tu trabajo soñado?)
- **I would love to be a photographer.** (Me encantaría ser fotógrafo.)
- **If you could live anywhere, where would it be?** (Si pudieras vivir en cualquier lugar, ¿dónde sería?)
- **I would love to live in New York.** (Me encantaría vivir en Nueva York.)
- **What's the best trip you've ever taken?** (¿Cuál ha sido el mejor viaje que has hecho?)
- **My trip to Japan was amazing!** (¡Mi viaje a Japón fue increíble!)
- **What's something you've always wanted to do?** (¿Qué es algo que siempre has querido hacer?)
- **I've always wanted to learn how to surf.** (Siempre he querido aprender a surfear.)
- **What's an interesting fact about you?** (¿Cuál es un dato interesante sobre ti?)
- **I can speak three languages!** (¡Puedo hablar tres idiomas!)

. . .

Consejo extra: No te preocupes si no hablas perfecto, **lo importante es comunicarte y practicar**. La mejor forma de mejorar es **hablar sin miedo**. ¡Así que adelante, inicia una conversación y disfruta del proceso!

1. **What is your name?** (¿Cómo te llamas?)
   - Respuesta: *My name is [nombre].* (Me llamo [nombre].)
   - Ejemplo: *My name is Sarah.*
2. **Where are you from?** (¿De dónde eres?)
   - Respuesta: *I am from [país/ciudad].* (Soy de [país/ciudad].)
   - Ejemplo: *I am from Mexico.*
3. **What do you do?** (¿A qué te dedicas?)
   - Respuesta: *I am a [profesión].* (Soy [profesión].)
   - Ejemplo: *I am a teacher.*
4. **How old are you?** (¿Cuántos años tienes?)
   - Respuesta: *I am [número] years old.* (Tengo [número] años.)
   - Ejemplo: *I am 25 years old.*
5. **What are your hobbies?** (¿Cuáles son tus pasatiempos?)
   - Respuesta: *I like [actividad].* (Me gusta [actividad].)
   - Ejemplo: *I like reading and swimming.*
6. **Do you have siblings?** (¿Tienes hermanos/as?)
   - Respuesta: *Yes, I have [número] siblings.* (Sí, tengo [número] hermanos/as.)
   - Ejemplo: *Yes, I have two brothers and one sister.*
   - Respuesta negativa: *No, I don't have siblings.* (No, no tengo hermanos/as.)
7. **What's your favorite food?** (¿Cuál es tu comida favorita?)
   - Respuesta: *My favorite food is [comida].* (Mi comida favorita es [comida].)
   - Ejemplo: *My favorite food is pizza.*
8. **What's your favorite color?** (¿Cuál es tu color favorito?)
   - Respuesta: *My favorite color is [color].* (Mi color favorito es [color].)
   - Ejemplo: *My favorite color is blue.*
9. **Do you speak other languages?** (¿Hablas otros idiomas?)
   - Respuesta: *Yes, I speak [idiomas].* (Sí, hablo [idiomas].)
   - Ejemplo: *Yes, I speak Spanish and English.*
   - Respuesta negativa: *No, I only speak English.* (No, solo hablo inglés.)
10. **Do you like traveling?** (¿Te gusta viajar?)
    - Respuesta: *Yes, I love traveling.* (Sí, me encanta viajar.)
    - Ejemplo: *I have visited France and Italy.*
    - Respuesta negativa: *No, I don't like traveling much.* (No, no me gusta mucho viajar.)

Cómo Usarlas en Conversaciones

Imagina que estás conociendo a alguien por primera vez. Podrías iniciar la conversación así:

- *Hi, what's your name?*
- *Where are you from?*

Y luego continuar con preguntas relacionadas:

- *What do you do?*

- *Do you like traveling?*

Practicar estas preguntas y respuestas te ayudará a sentirte más cómodo en situaciones reales.

Cuadro de Preguntas

Pregunta	Pronunciación	Traducción
What is your name?	Wuat is yor neim?	¿Cómo te llamas?
Where are you from?	Wer ar yu from?	¿De dónde eres?
What do you do?	Wuat du yu du?	¿A qué te dedicas?
How old are you?	Jau old ar yu?	¿Cuántos años tienes?
What are your hobbies?	Wuat ar yor jobis?	¿Cuáles son tus pasatiempos?
Do you have siblings?	Du yu jav siblings?	¿Tienes hermanos/as?
What's your favorite food?	Wats yor feivorit fud?	¿Cuál es tu comida favorita?
What's your favorite color?	Wats yor feivorit color?	¿Cuál es tu color favorito?
Do you speak other languages?	Du yu espik oder lengüeches?	¿Hablas otros idiomas?
Do you like traveling?	Du yu laik trávelin?	¿Te gusta viajar?

Cuadro de Respuestas

Respuesta	Pronunciación	Traducción
My name is [nombre].	Mai neim is [nombre].	Me llamo [nombre].
I am from [país/ciudad].	Ai am from [país/ciudad].	Soy de [país/ciudad].
I am a [profesión].	Ai am a [profesión].	Soy [profesión].
I am [número] years old.	Ai am [número] yirs old.	Tengo [número] años.
I like [actividad].	Ai laik [actividad].	Me gusta [actividad].
Yes, I have [número] siblings.	Yes, ai jav [número] siblings.	Sí, tengo [número] hermanos/as.
My favorite food is [comida].	Mai feivorit fud is [comida].	Mi comida favorita es [comida].
My favorite color is [color].	Mai feivorit color is [color].	Mi color favorito es [color].
Yes, I speak [idiomas].	Yes, ai espik [idiomas].	Sí, hablo [idiomas].
Yes, I love traveling.	Yes, ai lov trávelin.	Sí, me encanta viajar.

PRESENTE SIMPLE EN INGLÉS: TU MEJOR ALIADO PARA EMPEZAR A HABLAR CON CONFIANZA

Si estás aprendiendo inglés, el **presente simple** será tu mejor amigo. Es uno de los tiempos verbales más usados y, además, es el que te ayudará a comunicarte de forma clara y efectiva en conversaciones del día a día. ¿Para qué lo usamos? Muy fácil:

☑ Para hablar de **hábitos y rutinas**: "I wake up at 7 AM." (Me levanto a las 7 AM.)

☑ Para expresar **hechos universales o verdades**: "The sun rises in the east." (El sol sale por el este.)

☑ Para describir situaciones que **siempre son ciertas**: "Water boils at 100°C." (El agua hierve a 100°C.)

Ahora sí, pasemos a lo más importante: **¿cómo se usa?**

· · ·

Reglas Claves del Presente Simple

Estructura básica:

◈ **Afirmativa: Sujeto + verbo en su forma base.**

✎ *I work every day.* → Yo trabajo todos los días.

◈ **Negativa: Sujeto + do not (don't) / does not (doesn't) + verbo en su forma base.**

✎ *She doesn't like pizza.* → A ella no le gusta la pizza.

◈ **Interrogativa: Do/Does + sujeto + verbo en su forma base.**

✎ *Do you speak English?* → ¿Hablas inglés?

¡Ojo con la tercera persona! (He/She/It)

Aquí es donde muchos se enredan, pero tranquilo, que te lo explico fácil:

☑ **Se agrega "-s" al verbo en oraciones afirmativas.**

✎ *He plays football.* → Él juega fútbol.

☑ **Si el verbo termina en -s, -sh, -ch, -x o -z, se agrega "-es".**

✎ *She watches TV.* → Ella ve televisión.

☑ **Si el verbo termina en consonante + "y", cambiamos la "y" por "-ies".**

✎ *He studies English.* → Él estudia inglés.

¡Pero ojo! En negativas e interrogativas, el verbo vuelve a su forma base porque usamos "does" en tercera persona.

🚫 *They don't eat meat.* → Ellos no comen carne.

? *Does she work here?* → ¿Ella trabaja aquí?

¿Por qué es tan importante aprender bien el presente simple?

Porque es el tiempo que más usas en el día a día. Es el tiempo verbal que te permite describir tu rutina, hablar de cosas que siempre son verdad y expresar tus gustos. Además, es la base para construir otros tiempos más avanzados en inglés.

Así que no te preocupes si al principio te equivocas. ¡Practica, repite en voz alta y en poco tiempo te saldrá de manera natural!

Usos Claves del Presente Simple: ¿Cuándo lo usamos?

El **presente simple** no solo es la base del inglés, sino que también es un tiempo verbal súper útil para describir tu día a día, compartir opiniones y hablar sobre eventos programados. Aquí te dejo los usos más importantes con ejemplos que puedes empezar a aplicar desde ya.

Hábitos y Rutinas: Lo que hacemos regularmente

Usamos el presente simple para hablar de cosas que hacemos **todos los días**, **todas las semanas**, o con cualquier otra frecuencia.

☑ *I wake up at 7 a.m.* → Me despierto a las 7 a.m.

☑ *She goes to the gym every day.* → Ella va al gimnasio todos los días.

💡 **Tip:** Si usas palabras como **always, usually, sometimes, never**, estás hablando de hábitos.

✎ *He always drinks coffee in the morning.* → Él siempre toma café en la mañana.

Hechos Generales y Verdades Universales

También usamos el presente simple para hablar de cosas que **siempre son ciertas**, sin importar el contexto.

☑ *The sun rises in the east.* → El sol sale por el este.

☑ *Water boils at 100 degrees.* → El agua hierve a 100 grados.

Tip: Si algo es una **ley de la naturaleza, una regla matemática o un hecho científico**, va en presente simple.

Horarios y Eventos Programados

Aunque normalmente pensamos que para hablar del futuro usamos "will", en realidad el presente simple se usa para **eventos programados**, como transportes, horarios de clases o de películas.

☑ *The train leaves at 6 p.m.* → El tren sale a las 6 p.m.

☑ *The movie starts at 8 o'clock.* → La película empieza a las 8.

Tip: Si puedes verlo en un calendario o en un horario, lo más probable es que puedas decirlo en **presente simple**.

Opiniones, Gustos y Disgustos

Cuando hablas de lo que te **gusta o no te gusta**, **prefieres** o **opinas**, el presente simple es tu mejor opción.

☑ *I love pizza.* → Me encanta la pizza.

☑ *She doesn't like coffee.* → A ella no le gusta el café.

Tip: Los verbos más comunes en este caso son **love, like, hate, prefer, enjoy, need**.

¿Cómo practicar esto?

Piensa en **tu rutina diaria** y trata de decir frases en inglés. También puedes contar cosas que son verdad en tu vida o compartir tus gustos con otras personas. ¡Mientras más practiques, más natural se volverá!

Ejemplos del Presente Simple

1. **Afirmativa:**
   - *He works in an office.* → Él trabaja en una oficina.
   - *We play soccer on weekends.* → Nosotros jugamos fútbol los fines de semana.
2. **Negativa:**
   - *I don't watch TV often.* → Yo no veo televisión frecuentemente.
   - *She doesn't eat meat.* → Ella no come carne.
3. **Interrogativa:**
   - *Do you like chocolate?* → ¿Te gusta el chocolate?
   - *Does he live in London?* → ¿Él vive en Londres?

Oraciones afirmativas

Las oraciones afirmativas en presente simple en inglés son la base para comunicar ideas claras sobre hábitos, rutinas, hechos generales, y estados permanentes. La estructura gramatical es sencilla: comienza con un **sujeto** (la persona o cosa que realiza la acción), seguido por un **verbo en su forma base** (es decir, sin modificaciones) y finaliza con un **complemento**, que proporciona información adicional sobre la acción.

En las oraciones afirmativas, el verbo no requiere modificaciones para los sujetos *I, you, we* y *they*. Sin embargo, cuando usamos los sujetos *he, she* o *it* (tercera persona del singular), el verbo cambia ligeramente. A estos verbos les agregamos una **-s** al final para cumplir con las reglas gramaticales del presente simple. Por ejemplo, "I work in an office" se convierte en "He works in an office" cuando el sujeto cambia a tercera persona. Es importante tener en cuenta que si el verbo termina en *-s, -sh, -ch, -x* o *-z*, debemos agregar **-es** en lugar de solo una *-s*, como en "She watches TV". Además, si el verbo termina en consonante + *y*, se reemplaza la *y* por **-ies**, como en "He studies English".

Esta estructura también requiere que mantengamos el orden correcto de las palabras. El sujeto siempre debe aparecer antes del verbo, y el complemento sirve para añadir detalles, como el lugar, el tiempo o el modo en que se realiza la acción. No hay partículas adicionales en las oraciones afirmativas simples, lo que hace que esta forma sea directa y fácil de usar.

Aquí tienes cinco ejemplos que ilustran claramente esta estructura:

1. *I read books every night.* → Yo leo libros todas las noches.
2. *She eats breakfast at 8 a.m.* → Ella desayuna a las 8 a.m.
3. *They play basketball on weekends.* → Ellos juegan baloncesto los fines de semana.
4. *He studies English at the library.* → Él estudia inglés en la biblioteca.
5. *We live in a small town.* → Nosotros vivimos en un pueblo pequeño.

En el presente simple en inglés, el verbo permanece invariable cuando el sujeto es **I, you, we** o **they**. Esto significa que utilizamos el verbo en su **forma base**, sin añadirle ningún sufijo. Por ejemplo: "I play soccer" (Yo juego fútbol) o "They eat pizza" (Ellos comen pizza). Es una de las razones por las cuales el presente simple es tan directo y fácil de usar.

En cambio, cuando el sujeto es **he, she** o **it** (tercera persona del singular), el verbo debe modificarse añadiendo una "**s**" al final. Para la mayoría de los verbos, esta regla es sencilla: simplemente agregamos la "s" directamente al verbo, como en los siguientes ejemplos: "She plays tennis" (Ella juega tenis), "He writes emails" (Él escribe correos electrónicos), "It eats grass" (Eso come hierba).

Sin embargo, hay ciertas excepciones a esta regla, dependiendo de cómo termina el verbo. Estas excepciones están determinadas por las últimas letras del verbo, y son esenciales para hablar y escribir correctamente.

1. **Verbos que terminan en -s, -sh, -ch, -x, o -z:**
2. Para estos verbos, agregamos **-es** en lugar de una simple "s". Esto se hace para que la pronunciación sea más fluida. Por ejemplo:
   ◦ *He watches TV.* → Él ve televisión.
   ◦ *She finishes her homework.* → Ella termina su tarea.
3. **Verbos que terminan en consonante + "y":**
4. Cambiamos la "y" por **-ies**. Este cambio ocurre solo si hay una consonante antes de la "y". Por ejemplo:
   ◦ *He studies English.* → Él estudia inglés.
   ◦ *She carries the bag.* → Ella lleva la bolsa.
5. **Verbos que terminan en vocal + "y":**
6. Estos verbos siguen la regla estándar y simplemente se les agrega una "s". Por ejemplo:
   ◦ *He plays football.* → Él juega fútbol.
   ◦ *She says hello.* → Ella dice hola.

Cuadro de Reglas para la Tercera Persona del Singular

Terminación del Verbo	Regla	Ejemplo
Verbos regulares	Agregar -s	*She eats pizza.*
Terminan en -s, -sh, -ch, -x, -z	Agregar -es	*He watches TV.*
Terminan en consonante + "y"	Cambiar "y" por -ies	*She studies English.*
Terminan en vocal + "y"	Agregar -s	*He plays the guitar.*
Irregulares (*have, go*)	Cambios específicos: *have → has, go → goes*	*He has a car. / She goes home.*

Con este cuadro y explicación, es más fácil entender cómo y cuándo modificar el verbo en tercera persona del singular. Aquí tienes algunos ejemplos adicionales para practicar:

1. *She brushes her teeth every morning.* → Ella se cepilla los dientes cada mañana.
2. *He goes to school at 8 a.m.* → Él va a la escuela a las 8 a.m.
3. *The dog watches the birds.* → El perro observa los pájaros.

Oraciones Negativas en Presente Simple

En inglés, las oraciones negativas en presente simple se utilizan para negar hechos, hábitos, rutinas o situaciones que no ocurren. Para formar estas oraciones, necesitamos utilizar los **auxiliares negativos** *do not (don't)* o *does not (doesn't)*, dependiendo del sujeto.

Reglas Gramaticales para las Oraciones Negativas

Estructura básica:

La estructura de una oración negativa en presente simple es:

Sujeto + auxiliar negativo (*don't* o *doesn't*) + verbo en forma base + complemento.

Es importante recordar que el verbo **nunca cambia ni lleva la "s"** en las oraciones negativas, ya que el auxiliar (*don't* o *doesn't*) se encarga de marcar el tiempo verbal.

Uso de *don't* y *doesn't*:

Usamos **don't** con los sujetos **I, you, we, they.**

Ejemplo: *They don't like coffee.* → A ellos no les gusta el café.

Usamos **doesn't** con los sujetos **he, she, it** (tercera persona del singular).

Ejemplo: *She doesn't watch TV.* → Ella no ve televisión.

El verbo siempre en forma base:

En las oraciones negativas, el verbo principal no se modifica, ni siquiera en tercera persona del singular. Esto significa que no añadimos la "s", "es" o "ies" al verbo.

Ejemplo: *She doesn't play soccer.* (Correcto)

She doesn't plays soccer. (Incorrecto)

Usos Comunes de las Oraciones Negativas

1. **Negar rutinas o hábitos:**
   - *I don't eat breakfast every day.* → Yo no desayuno todos los días.
   - *He doesn't go to the gym.* → Él no va al gimnasio.

2. **Negar gustos o preferencias**:
   - *We don't like spicy food.* → No nos gusta la comida picante.
   - *She doesn't like chocolate.* → A ella no le gusta el chocolate.
3. **Negar hechos generales o verdades**:
   - *It doesn't snow in summer.* → No nieva en verano.
   - *Cats don't bark.* → Los gatos no ladran.
4. **Negar habilidades o capacidades**:
   - *I don't speak French.* → Yo no hablo francés.
   - *He doesn't know how to swim.* → Él no sabe nadar.

Ejemplos de Oraciones Negativas

1. *I don't work on weekends.* → Yo no trabajo los fines de semana.
2. *She doesn't drive a car.* → Ella no conduce un coche.
3. *They don't play video games at night.* → Ellos no juegan videojuegos por la noche.
4. *We don't live in a big city.* → Nosotros no vivimos en una ciudad grande.
5. *He doesn't study on Saturdays.* → Él no estudia los sábados.

Estructura Resumida para Recordar

Sujeto	Auxiliar Negativo	Verbo en Forma Base	Complemento
I, You, We, They	don't	work	on weekends.
He, She, It	doesn't	eat	breakfast in the morning.

Oraciones Interrogativas en Presente Simple

Las oraciones interrogativas en inglés son esenciales para hacer preguntas sobre hábitos, rutinas, hechos generales, preferencias y más. En el presente simple, estas preguntas utilizan los auxiliares **"do"** y **"does"** para formar la estructura interrogativa, y siempre colocamos el auxiliar al principio de la oración.

Reglas Gramaticales de las Oraciones Interrogativas

1. **Estructura básica**: La estructura para las preguntas en presente simple es:
2. **Do/Does + Sujeto + Verbo en forma base + Complemento + ?**
   - Ejemplo: *Do you like pizza?* → ¿Te gusta la pizza?
   - Ejemplo: *Does he play tennis?* → ¿Él juega al tenis?
3. **Uso de *do* y *does***:
   - Usamos **do** con los sujetos **I, you, we, they**.
     - Ejemplo: *Do they study English?* → ¿Ellos estudian inglés?
   - Usamos **does** con los sujetos **he, she, it** (tercera persona del singular).
     - Ejemplo: *Does she work here?* → ¿Ella trabaja aquí?
4. **El verbo en forma base**: En las preguntas, el verbo principal siempre se utiliza en su forma base (sin "s", "es" o "ies"), incluso en tercera persona del singular. Esto ocurre porque el auxiliar *does* ya indica la tercera persona.
   - Ejemplo: *Does he like music?* → Correcto.
   - Ejemplo: *Does he likes music?* → Incorrecto.

5. **Complemento opcional**: Las preguntas pueden incluir o no un complemento, dependiendo de qué información se desee obtener.
   - Ejemplo sin complemento: *Do you drive?* → ¿Conduces?
   - Ejemplo con complemento: *Do you drive to work?* → ¿Conduces al trabajo?
6. **Orden de las palabras**: A diferencia del español, el orden en inglés es muy estricto en las preguntas. El auxiliar siempre va primero, seguido del sujeto, luego el verbo en forma base, y finalmente el complemento.
   - Español: ¿Tú trabajas en esta oficina?
   - Inglés: *Do you work in this office?*
7. **Preguntas con "Wh-"**: Cuando usamos palabras interrogativas como *what* (qué), *where* (dónde), *when* (cuándo), *why* (por qué), *who* (quién), *which* (cuál), y *how* (cómo), estas siempre van al inicio de la pregunta, antes del auxiliar.
   - Ejemplo: *What do you do?* → ¿Qué haces?
   - Ejemplo: *Where does she live?* → ¿Dónde vive ella?

Usos Comunes de las Oraciones Interrogativas

1. **Preguntar sobre hábitos o rutinas**:
   - *Do you exercise every day?* → ¿Haces ejercicio todos los días?
   - *Does he study at night?* → ¿Él estudia por la noche?
2. **Preguntar sobre gustos o preferencias**:
   - *Do you like coffee?* → ¿Te gusta el café?
   - *Does she enjoy movies?* → ¿A ella le gustan las películas?
3. **Preguntar sobre hechos generales**:
   - *Does the sun rise in the east?* → ¿El sol sale por el este?
   - *Do birds fly south in winter?* → ¿Los pájaros vuelan al sur en invierno?
4. **Preguntar información específica con "Wh-"**:
   - *What time do you wake up?* → ¿A qué hora te despiertas?
   - *Where does he work?* → ¿Dónde trabaja él?

Ejemplos de Preguntas Interrogativas

1. *Do you speak English?* → ¿Hablas inglés?
2. *Does she have a car?* → ¿Ella tiene un coche?
3. *What do they do for a living?* → ¿A qué se dedican ellos?
4. *When does the train arrive?* → ¿Cuándo llega el tren?
5. *Why do you study so much?* → ¿Por qué estudias tanto?

Estructura Resumida para Recordar

Palabra Interrogativa	Auxiliar	Sujeto	Verbo en Forma Base	Complemento
(What/Where/When/Why)	Do/Does	I/You/We/They/He/She/It	work/study/go etc.	(opcional)

ADVERBIOS DE FRECUENCIA EN INGLÉS: EXPRESA CON QUÉ FRECUENCIA HACES ALGO

Los **adverbios de frecuencia** son clave para describir **hábitos**, **rutinas** y **costumbres** en inglés. Con ellos puedes decir si haces algo **siempre**, **nunca**, o en algún punto intermedio.

Son palabras súper útiles y fáciles de aprender, pero tienen una regla importante: **su posición en la oración**. Veamos cómo usarlos correctamente.

¿Dónde van los adverbios de frecuencia en una oración?

Con verbos normales (que no sean *to be*), el adverbio se coloca **antes** del verbo principal.

☑ *She always eats breakfast.* → Ella **siempre** desayuna.

☑ *I sometimes go to the gym.* → A veces voy al gimnasio.

Con el verbo "to be", el adverbio va **después** del verbo.

☑ *He is usually late.* → Él **usualmente** llega tarde.

☑ *They are never at home on Sundays.* → Ellos **nunca** están en casa los domingos.

Grados de Frecuencia: De "Siempre" a "Nunca"

Dependiendo de cuán seguido hagas algo, hay diferentes adverbios de frecuencia en inglés:

- **Always** → Siempre *(100% de las veces)*
- **Usually** → Usualmente
- **Often** → A menudo
- **Sometimes** → A veces
- **Rarely** → Rara vez
- **Never** → Nunca *(0% de las veces)*

- *I always drink coffee in the morning.* → Siempre tomo café en la mañana.
- *She rarely eats fast food.* → Ella rara vez come comida rápida.

Tip: Puedes usar palabras como **once a week (una vez por semana), twice a month (dos veces al mes)** o **every day (todos los días)** para hablar de frecuencia más específica.

Cómo usar los adverbios de frecuencia en preguntas y respuestas

También puedes usarlos para hacer y responder preguntas sobre hábitos:

- **Pregunta:** *How often do you exercise?* → ¿Con qué frecuencia haces ejercicio?
- **Respuesta:** *I often exercise in the morning.* → Frecuentemente hago ejercicio en la mañana.
- **Pregunta:** *Does she always arrive late?* → ¿Ella siempre llega tarde?
- **Respuesta:** *No, she usually arrives on time.* → No, generalmente llega a tiempo.

¿Cómo practicar esto?

Piensa en **tus propios hábitos diarios** y trata de describirlos en inglés usando estos adverbios. Por ejemplo:

○ "Siempre desayuno temprano." → *I always have breakfast early.*

○ "A veces leo antes de dormir." → *I sometimes read before sleeping.*

Reto: Escribe 5 frases sobre tus rutinas usando adverbios de frecuencia y repítelas en voz alta. ¡Verás cómo mejora tu fluidez rápidamente! 💪😃

Cuadro con Ejemplos de Adverbios de Frecuencia

Adverbio	Pronunciación	Traducción	Ejemplo
Always	Ól-weys	Siempre	She always wakes up early. → Ella siempre se despierta temprano.
Usually	Yú-shu-li	Usualmente	He usually goes to the gym. → Él usualmente va al gimnasio.
Frequently	Frí-kuent-li	Frecuentemente	They frequently visit their grandparents. → Ellos visitan frecuentemente a sus abuelos.
Often	Óf-en / Óf-ten	A menudo	We often watch movies on weekends. → Nosotros vemos películas a menudo los fines de semana.
Sometimes	Sóm-taims	A veces	I sometimes read before bed. → A veces leo antes de dormir.
Occasionally	O-kéi-sho-na-li	Ocasionalmente	She occasionally eats fast food. → Ella ocasionalmente come comida rápida.
Rarely	Réar-li	Raramente	He rarely drinks coffee. → Él raramente toma café.
Seldom	Sél-dom	Casi nunca	They seldom travel abroad. → Ellos casi nunca viajan al extranjero.
Hardly ever	Járd-li é-ver	Casi nunca	I hardly ever go to parties. → Casi nunca voy a fiestas.
Never	Né-ver	Nunca	She never eats meat. → Ella nunca come carne.
Daily	Déi-li	Diario	He checks his email daily. → Él revisa su correo electrónico diariamente.
Weekly	Wíik-li	Semanalmente	They meet weekly for a study session. → Ellos se reúnen semanalmente para estudiar.
Monthly	Mónth-li	Mensualmente	We pay the bills monthly. → Nosotros pagamos las facturas mensualmente.

Notas Importantes

1. **"Often" y su pronunciación**: En inglés, *often* se puede pronunciar con o sin el sonido "t" (/ˈɒf.ən/ o /ˈɔːf.tən/), y ambas formas son correctas.
2. **Adverbios al principio o al final**: Aunque menos común, algunos adverbios pueden colocarse al principio o al final de la oración para enfatizar:
   - *Sometimes, I go for a walk.*
   - *I go for a walk sometimes.*
3. **Diferencias culturales**: En inglés, los adverbios como *seldom* o *hardly ever* pueden sonar más formales o literarios en comparación con palabras más comunes como *rarely* o *sometimes*.

EL VERBO "TO BE" EN INGLÉS: ¡LA CLAVE PARA EMPEZAR A HABLAR!

Si hay un verbo en inglés que **tienes que conocer sí o sí**, ese es **"to be"**. Es **el más importante y versátil**, ya que significa **"ser"** y **"estar"** al mismo tiempo.

Usamos **"to be"** para describir quiénes somos, cómo nos sentimos, dónde estamos, qué hacemos y mucho más. Es como el pegamento del idioma: sin él, ¡las frases no funcionarían bien!

¿Para qué usamos "to be"?

Para hablar de identidad y profesión:

☑ *I am a teacher.* → Soy profesor/a.

☑ *She is a doctor.* → Ella es doctora.

Para describir características o estados:

☑ *The sky is blue.* → El cielo es azul.

☑ *We are happy today.* → Hoy estamos felices.

Para indicar ubicación:

☑ *The book is on the table.* → El libro está sobre la mesa.

☑ *They are at the park.* → Ellos están en el parque.

Para expresar edad (a diferencia del español, donde usamos "tener"):

☑ *I am 25 years old.* → Tengo 25 años.

☑ *She is 5 years old.* → Ella tiene 5 años.

Reglas Gramaticales del Verbo "To Be"

1. **Conjugación según la persona gramatical**:
2. En presente simple, el verbo *to be* tiene tres formas: **am**, **is** y **are**, dependiendo del sujeto:
    - **I** → *am*
    - **He, She, It** → *is*
    - **You, We, They** → *are*
3. **Usos del Verbo "To Be"**:
    - **Para describir características o identidades**:
        - *I am a teacher.* → Soy maestro.
        - *She is intelligent.* → Ella es inteligente.
    - **Para expresar emociones o estados**:
        - *We are happy.* → Estamos felices.
        - *He is tired.* → Él está cansado.
    - **Para indicar ubicaciones**:
        - *The book is on the table.* → El libro está sobre la mesa.
        - *They are at school.* → Ellos están en la escuela.
    - **Para hablar de la edad**:
        - *I am 30 years old.* → Tengo 30 años.
4. **Estructura en Oraciones**:
    - **Afirmativa**: Sujeto + *to be* + complemento.
        - Ejemplo: *She is my friend.* → Ella es mi amiga.
    - **Negativa**: Sujeto + *to be* + **not** + complemento.
        - Ejemplo: *They are not here.* → Ellos no están aquí.
    - **Interrogativa**: *To be* + sujeto + complemento + ?
        - Ejemplo: *Are you ready?* → ¿Estás listo/a?
5. **Contracciones**:
6. En inglés, es común usar contracciones en el habla y la escritura informal:
    - *I am* → *I'm*
    - *You are* → *You're*
    - *He is* → *He's*
    - *They are* → *They're*

Cuadro del Verbo "To Be"

Persona	Verbo "To Be"	Pronunciación
I	am	æm
You	are	ɑːr
He	is	ɪz
She	is	ɪz
It	is	ɪz
We	are	ɑːr
You (plural)	are	ɑːr
They	are	ɑːr

Notas Adicionales

1. **Uso de "ser" y "estar" en español**:
2. En inglés, el verbo *to be* se usa tanto para "ser" como para "estar", por lo que el contexto de la oración es clave para determinar el significado.
   - *I am happy.* → Estoy feliz.
   - *I am a student.* → Soy estudiante.
3. **Diferencias con otros verbos**:
4. El verbo *to be* no sigue las reglas de conjugación regulares en inglés, ya que no utiliza auxiliares para las negativas e interrogativas en presente simple.

Ejemplos del Verbo "To Be"

1. *I am at home.* → Estoy en casa.
2. *She is my sister.* → Ella es mi hermana.
3. *They are very tired.* → Ellos están muy cansados.
4. *We are friends.* → Somos amigos.
5. *Is he a doctor?* → ¿Es él un doctor?

Oraciones Afirmativas con el Verbo "To Be"

Las oraciones afirmativas con el verbo **"to be"** son fundamentales para expresar ideas en inglés. Estas oraciones afirman algo sobre el sujeto, como una característica, estado, ubicación, profesión, o identidad. La estructura es simple y directa, lo que las hace ideales para principiantes.

Reglas Gramaticales y Estructura

La estructura básica para las oraciones afirmativas con el verbo *to be* es:

Sujeto + Verbo "to be" + Complemento

1. **Sujeto**: Es la persona o cosa de la que se está hablando (I, you, he, she, it, we, they).
2. **Verbo "to be"**: Se conjuga según el sujeto (**am, is, are**).
3. **Complemento**: Aporta información adicional sobre el sujeto, como una descripción, un lugar, o una identidad.

Reglas Específicas

1. **Concordancia entre sujeto y verbo:**

2. El verbo *to be* debe coincidir con el sujeto. Por ejemplo:
   - *I am* → Yo soy/estoy.
   - *She is* → Ella es/está.
   - *We are* → Nosotros somos/estamos.
3. **Uso del verbo para "ser" y "estar"**:
4. En inglés, no hay distinción entre "ser" y "estar", por lo que el contexto de la oración determina el significado.
   - *He is a teacher.* → Él es un maestro.
   - *He is at school.* → Él está en la escuela.
5. **Contracciones comunes**:
6. En inglés informal, es frecuente usar contracciones con el verbo *to be*. Esto hace que las oraciones sean más rápidas y naturales.
   - *I am* → *I'm*
   - *You are* → *You're*
   - *She is* → *She's*
   - *They are* → *They're*
7. **El complemento varía según el contexto**:
8. Puede ser un sustantivo (profesión, relación), un adjetivo (descripción), un lugar, o incluso una frase preposicional.
   - Sustantivo: *She is my sister.* → Ella es mi hermana.
   - Adjetivo: *We are happy.* → Nosotros estamos felices.
   - Lugar: *They are in the park.* → Ellos están en el parque.

Ejemplos de Oraciones Afirmativas

1. **Con un sustantivo**:
   - *I am a doctor.* → Soy doctor.
   - *They are students.* → Ellos son estudiantes.
2. **Con un adjetivo**:
   - *She is beautiful.* → Ella es hermosa.
   - *We are tired.* → Nosotros estamos cansados.
3. **Con un lugar**:
   - *He is at the library.* → Él está en la biblioteca.
   - *I am at home.* → Estoy en casa.
4. **Con una frase preposicional**:
   - *The keys are on the table.* → Las llaves están sobre la mesa.
   - *The dog is in the garden.* → El perro está en el jardín.
5. **Con contracciones**:
   - *I'm a teacher.* → Soy profesor.
   - *She's very happy.* → Ella está muy feliz.
   - *We're ready.* → Nosotros estamos listos.

Práctica y Relevancia

Las oraciones afirmativas con el verbo *to be* son esenciales para establecer información básica en inglés, como presentarse, describir situaciones o identificar objetos y personas. Estas oraciones son la base para desarrollar otros tipos de estructuras, como las negativas e interrogativas.

Oraciones Negativas con el Verbo "To Be"

Las oraciones negativas con el verbo **"to be"** se utilizan para negar una afirmación sobre el sujeto. Estas oraciones son fundamentales para expresar lo que no somos, no estamos haciendo o no está ocurriendo. En inglés, las oraciones negativas son directas y claras, ya que el verbo *to be* permite negar sin necesidad de utilizar un auxiliar como en otros verbos.

Reglas Gramaticales y Estructura

La estructura básica de las oraciones negativas con el verbo *to be* es:

Sujeto + Verbo "to be" + Not + Complemento

1. **Sujeto**: Es la persona o cosa que realiza la acción o sobre la que se hace la afirmación (I, you, he, she, it, we, they).
2. **Verbo "to be"**: Se conjuga según el sujeto (**am, is, are**).
3. **Not**: La palabra "not" es lo que convierte la oración en negativa.
4. **Complemento**: Añade información sobre lo que se niega.

Reglas Específicas

1. **Concordancia entre sujeto y verbo**:
2. El verbo *to be* debe coincidir con el sujeto, al igual que en las oraciones afirmativas. Por ejemplo:
   - *I am not tired.* → No estoy cansado.
   - *They are not at home.* → Ellos no están en casa.
3. **Contracciones comunes**:
4. En inglés informal, es muy común contraer el verbo *to be* y *not* para que la oración sea más rápida y natural. Las contracciones más frecuentes son:
   - *I am not* → *I'm not*
   - *He is not* → *He isn't*
   - *They are not* → *They aren't*
5. Ejemplo:
   - *She is not my teacher.* → *She isn't my teacher.*
6. **El verbo no cambia en la negación**:
7. El verbo *to be* mantiene su forma (am, is, are) independientemente de si la oración es afirmativa o negativa. La única diferencia es la adición de "not".
8. **Complementos variados**:
9. El complemento en las oraciones negativas puede ser un sustantivo, adjetivo, lugar o frase preposicional, como en las afirmativas. La negación simplemente niega esa relación.

Ejemplos de Oraciones Negativas

1. **Con sustantivos**:
   - *I am not a student.* → No soy estudiante.
   - *He is not a doctor.* → Él no es doctor.
2. **Con adjetivos**:
   - *She is not happy.* → Ella no está feliz.
   - *We are not tired.* → Nosotros no estamos cansados.
3. **Con lugares**:
   - *They are not at school.* → Ellos no están en la escuela.
   - *I am not at work.* → No estoy en el trabajo.
4. **Con frases preposicionales**:
   - *The book is not on the table.* → El libro no está sobre la mesa.
   - *The keys are not in the bag.* → Las llaves no están en la bolsa.

5. **Con contracciones**:
   - *I'm not a teacher.* → No soy profesor.
   - *She isn't at the party.* → Ella no está en la fiesta.
   - *We aren't ready.* → No estamos listos.

Comparación con el Español

En inglés, el verbo *to be* permite una negación directa y no necesita auxiliares como "do" o "does", lo que lo hace más sencillo. Además, las contracciones son una forma muy común de hablar de manera más natural.

Ejemplo:

- Español: "No soy médico."
- Inglés: *I am not a doctor.*

Países y Nacionalidades en Inglés

País (Inglés)	País (Español)	Pronunciación (País)	Nacionalidad (Inglés)	Pronunciación (Nacionalidad)
United States	Estados Unidos	Yunáiret Esteits	American	Américán
Mexico	México	Meksico	Mexican	Meksicán
Canada	Canadá	Kánada	Canadian	Canéidian
United Kingdom	Reino Unido	Yunáiret Kíngdom	British	Brítish
Spain	España	Spein	Spanish	Spánish
France	Francia	Fráns	French	Frénch
Germany	Alemania	Yérmani	German	Yérman
Italy	Italia	Ítali	Italian	Itálian
Japan	Japón	Yapán	Japanese	Yapanís
China	China	Cháina	Chinese	Cháinis
Brazil	Brasil	Brasil	Brazilian	Brazílian
Argentina	Argentina	Archentína	Argentinian	Archentínian

Chile	Chile	Chíli	Chilean	Chílian
Australia	Australia	Ostrélia	Australian	Ostrélian
India	India	Índia	Indian	Índian
Russia	Rusia	Rússia	Russian	Rússian
South Korea	Corea del Sur	Sáuth Koría	South Korean	Sáuth Korían
Egypt	Egipto	Íyipt	Egyptian	Iyíptian
Turkey	Turquía	Térki	Turkish	Térkish
Sweden	Suecia	Súiden	Swedish	Swíedish

Notas Adicionales

1. **Las nacionalidades siempre comienzan con mayúscula** en inglés, al igual que los nombres de los países.
2. Algunas nacionalidades terminan en **-ian** (*Brazilian, Canadian*), otras en **-ish** (*British, Spanish*), y otras en **-ese** (*Chinese, Japanese*). Es importante aprender estas reglas para reconocer patrones.
3. En muchos casos, la pronunciación del nombre del país y su nacionalidad tienen similitudes, pero no siempre (*Germany → German* o *France → French*).

Profesiones y Trabajos

Profesión (Español)	Profesión (Inglés)	Pronunciación Fácil
Médico	Doctor	Dók-tor
Enfermera	Nurse	Ners
Ingeniero	Engineer	En-yi-nír
Profesor	Teacher	Tí-cher
Abogado	Lawyer	Ló-yer
Arquitecto	Architect	Ár-ki-tek
Policía	Police Officer	Po-lís ó-fi-ser
Bombero	Firefighter	Fái-er-fái-ter
Dentista	Dentist	Dén-tist
Veterinario	Veterinarian	Ve-te-ri-né-ri-an
Contador	Accountant	A-káun-tant
Escritor	Writer	Rái-ter
Periodista	Journalist	Yór-na-list
Actor	Actor	Ák-tor

Actriz	Actress	Ák-tres
Cocinero	Chef	Chef
Mesero	Waiter	Wéi-ter
Mesera	Waitress	Wéi-tres
Piloto	Pilot	Páy-lot
Mecánico	Mechanic	Me-ká-nik
Plomero	Plumber	Plá-mber
Electricista	Electrician	E-lek-trí-shan
Carpintero	Carpenter	Kár-pen-ter
Pintor	Painter	Péin-ter
Jardinero	Gardener	Gár-de-ner
Ama de casa	Housewife	Jáus-waif
Camionero	Truck Driver	Trók drái-ver

EJERCICIOS PARA PRACTICAR DEL CAPÍTULO 2

¡Pongamos a prueba lo aprendido!

¡Es hora de practicar! Recuerda, cometer errores es parte del proceso. Lo importante es intentarlo y aprender.

> ✏ ¡Ojo! (si estás en versión eBook) Como en el eBook no se puede escribir directamente, toma tu cuaderno favorito o una hoja suelta para apuntar tus respuestas. Así lo aprovechas al máximo y aprendes mucho más. ¡Manos a la obra!

1 **Completa con el Pronombre Personal Correcto**

Cada oración tiene un hueco vacío. ¡Llénalo con el pronombre personal correcto!

1. ___ am learning English. *(Yo)*
2. ___ are my best friend. *(Tú)*
3. ___ is a doctor. *(Él)*
4. ___ are reading a book. *(Ellos)*
5. ___ is very happy today. *(Ella)*
6. ___ are my neighbors. *(Nosotros)*
7. ___ is barking loudly. *(Eso – un perro 🐶)*

👉 *Pista:* Usa "he" para él, "she" para ella, "it" para cosas o animales, y "they" para ellos/ellas.

2 **Adjetivo Posesivo o Pronombre Posesivo**

Subraya si la palabra en negrita es un **adjetivo posesivo** (describe a quién pertenece algo y siempre va antes de un sustantivo) o un **pronombre posesivo** (reemplaza a un sustantivo y ya indica propiedad).

1. This is **my** house.

2. The red car is **mine**.
3. That is **his** jacket.
4. This is **our** problem.
5. That book is **hers**.
6. **Their** parents are very kind.
7. This laptop is **yours**.

Truco: Si la palabra va seguida de un sustantivo, es un **adjetivo posesivo** (my, his, our). Si no, es un **pronombre posesivo** (mine, hers, ours).

3 Traduce al Inglés con el Adjetivo Posesivo Adecuado
Traduce estas frases al inglés usando el adjetivo posesivo correcto.

1. Mi nombre es John. → ___ **name is John.**
2. Su casa (de él) está lejos. → ___ **house is far away.**
3. Nuestra escuela es muy grande. → ___ **school is very big.**
4. Sus libros (de ellos) están en la mesa. → ___ **books are on the table.**
5. Tu auto es muy rápido. → ___ **car is very fast.**

Tip: Los adjetivos posesivos son: *my, your, his, her, its, our, their.*

4 Responde a Preguntas Personales
Elige la respuesta correcta para cada pregunta.

1. **What is your name?**
2. a) My name is Anna.
3. b) I am 25 years old.
4. **Where are you from?**
5. a) I'm from Mexico.
6. b) I am a doctor.
7. **How old are you?**
8. a) I like pizza.
9. b) I'm 30 years old.

Consejo: ¡Recuerda que "What is your name?" se responde con un nombre, "Where are you from?" con un lugar y "How old are you?" con la edad!

5 Completa Conversaciones Cotidianas
Rellena los espacios en blanco con la respuesta más adecuada.
A: Hello, how are you?
B: ___, and you?
A: What do you do?
B: ___ (Soy maestro).
A: Where are you from?
B: ___ (Soy de Canadá).

A: Nice to meet you!

B: ___!

Recuerda: "I'm fine, thanks!" es una buena respuesta para "How are you?", y "I am a teacher" es la mejor para la segunda pregunta.

―――――

Respuestas del Capítulo 2: ¡Pongamos a prueba lo aprendido!

1 Completa con el Pronombre Personal Correcto

1. **I** am learning English. *(Yo)*
2. **You** are my best friend. *(Tú)*
3. **He** is a doctor. *(Él)*
4. **They** are reading a book. *(Ellos)*
5. **She** is very happy today. *(Ella)*
6. **We** are my neighbors. *(Nosotros)*
7. **It** is barking loudly. *(Eso – un perro 🐕)*

2 Adjetivo Posesivo o Pronombre Posesivo

1. This is **my** house. → **Adjetivo posesivo**
2. The red car is **mine**. → **Pronombre posesivo**
3. That is **his** jacket. → **Adjetivo posesivo**
4. This is **our** problem. → **Adjetivo posesivo**
5. That book is **hers**. → **Pronombre posesivo**
6. **Their** parents are very kind. → **Adjetivo posesivo**
7. This laptop is **yours**. → **Pronombre posesivo**

3 Traduce al Inglés con el Adjetivo Posesivo Adecuado

1. **My** name is John.
2. **His** house is far away.
3. **Our** school is very big.
4. **Their** books are on the table.
5. **Your** car is very fast.

4 Responde a Preguntas Personales

1. **What is your name?**
2. ✅ a) My name is Anna.
3. **Where are you from?**
4. ✅ a) I'm from Mexico.

5. **How old are you?**
6. ☑️ b) I'm 30 years old.

5 **Completa Conversaciones Cotidianas**
   A: Hello, how are you?
   B: **I'm fine, thanks**, and you?
   A: What do you do?
   B: **I am a teacher**. (Soy maestro).
   A: Where are you from?
   B: **I'm from Canada**. (Soy de Canadá).
   A: Nice to meet you!
   B: **Nice to meet you too!**
   ☑️ ¡Bien hecho! ¿Cuántas acertaste? Sigue practicando y verás cómo tu inglés mejora cada día.

AUDIOLIBRO DE PRONUNCIACIÓN BOOK 1 - CHAPTER 2

Usa estos audios a tu favor. **Escucha, repite, imita la pronunciación y pierde el miedo a hablar**. Cuanto más te expongas al inglés, más rápido mejorarás. ¡Tu inglés fluido está a solo unos clics de distancia!

BOOK 1 - CHAPTER 2

CAPÍTULO 3
¡VAMOS DE VIAJE!

MOVIÉNDONOS Y EXPLORANDO EL MUNDO

Hora de empacar las maletas y salir a la aventura! En este capítulo, nos sumergiremos en el emocionante mundo de los viajes y la exploración. Aprenderás cómo moverte de un lugar a otro, ya sea en avión, tren, autobús o a pie, además de descubrir cómo hablar sobre destinos turísticos, experiencias de viaje y todo lo que ves a tu alrededor.

También conocerás un nuevo tiempo verbal súper útil: **el presente continuo**, ideal para describir lo que estás haciendo en este momento, como viajar, explorar o simplemente disfrutar del paisaje.

Verbos Comunes en Situaciones de Viaje

Verbo (Infinitivo)	Presente Simple	Pronunciación (aprox. para hispanohablantes)	Traducción
To travel	Travel	/trá-vəl/	Viajar
To visit	Visit	/ví-sit/	Visitar
To explore	Explore	/eks-plór/	Explorar
To pack	Pack	/pak/	Empacar
To book	Book	/buk/	Reservar
To fly	Fly	/flái/	Volar
To drive	Drive	/dráiv/	Conducir
To walk	Walk	/uók/ o /wók/	Caminar
To ride	Ride	/ráid/	Montar (en transporte)
To stay	Stay	/stéi/	Quedarse
To arrive	Arrive	/a-ráiv/	Llegar
To leave	Leave	/líiv/	Salir/Partir

To buy	Buy	/bái/		Comprar
To guide	Guide	/gáid/		Guiar
To rest	Rest	/rest/		Descansar

Notas sobre la pronunciación aproximada:

- La **r** en inglés es más suave que en español; se produce con la punta de la lengua sin tocar el paladar.
- La **u** en /uók/ (walk) es para indicar el sonido de la **o** alargada en inglés, aunque no es una vocal 100% igual al español.
- El acento agudo (´) indica la sílaba tónica principal para que te resulte más fácil saber dónde "apoyar" la voz.

¡Practica repitiendo estas palabras en voz alta para ir puliendo tu pronunciación!

RECAPITULEMOS CON EL USO DEL PRESENTE SIMPLE PARA RUTINAS Y PLANES FUTUROS

El **presente simple** es el tiempo verbal más utilizado para describir **rutinas diarias o hábitos**, así como para hablar de **planes futuros con horarios o fechas fijas**, especialmente relacionados con horarios de transporte, eventos o actividades programadas.

Cuando usamos el presente simple para rutinas, nos referimos a acciones que se realizan regularmente, como ir al trabajo, estudiar o hacer ejercicio. Por otro lado, usamos este tiempo para **planes futuros fijos** cuando hablamos de horarios que ya están establecidos, como la salida de un avión, el inicio de un evento o el horario de apertura de un lugar.

Ejemplos de Rutinas y Planes Futuros

1. **Rutinas Diarias:**
   - *I take the bus to work every morning.*
   - (Tomo el autobús al trabajo todas las mañanas).
   - *She drinks coffee at 8 a.m.*
   - (Ella toma café a las 8 a.m.).
   - *They visit their grandparents on Sundays.*
   - (Ellos visitan a sus abuelos los domingos).
2. **Planes Futuros con Horarios Fijos:**
   - *The train leaves at 5:30 p.m.*
   - (El tren sale a las 5:30 p.m.).
   - *The museum opens at 9 a.m. tomorrow.*
   - (El museo abre a las 9 a.m. mañana).
   - *Our flight departs on Saturday morning.*
   - (Nuestro vuelo sale el sábado por la mañana).
   - *The concert starts at 7 p.m. next Friday.*
   - (El concierto comienza a las 7 p.m. el próximo viernes).

Puntos Clave del Presente Simple en Planes Futuros

1. **Horarios fijos y hechos establecidos:**

2. El presente simple es perfecto para hablar de eventos que no cambiarán porque ya tienen un horario o fecha definida. Esto incluye horarios de transporte, aperturas de lugares turísticos y actividades programadas.
   - Ejemplo: *The plane arrives at 10:15 a.m.* → El avión llega a las 10:15 a.m.
3. **Frases temporales para el futuro**:
4. Aunque usamos el presente simple, es común incluir marcadores de tiempo que indiquen que estamos hablando de un plan futuro, como *tomorrow, next week, in two days*, etc.
   - Ejemplo: *The train departs tomorrow at 6 a.m.* → El tren parte mañana a las 6 a.m.
5. **No se usa para decisiones espontáneas**:
6. Es importante recordar que el presente simple no se utiliza para hablar de decisiones tomadas en el momento. Para eso, usaríamos el futuro con *will*.

EL PRESENTE CONTINUO: UNA INTRODUCCIÓN

El **presente continuo** es uno de los tiempos verbales más útiles en inglés. Se utiliza para describir acciones que están ocurriendo **en este momento**, situaciones temporales o eventos futuros que ya están planificados. Por ejemplo:

- *I am studying English right now.* → Estoy estudiando inglés ahora mismo.
- *We are traveling to Spain next week.* → Vamos a viajar a España la próxima semana.

A diferencia del presente simple, que habla de hábitos y rutinas, el presente continuo se centra en lo que está sucediendo **ahora** o en un futuro cercano.

Reglas Gramaticales del Presente Continuo

El presente continuo se forma con el **verbo "to be"** (am, is, are) como auxiliar + el **verbo principal con la terminación "-ing"**.

Estructura básica:

1. **Afirmativa**:
2. **Sujeto + verbo "to be" + verbo con "-ing" + complemento**
   - *I am reading a book.* → Estoy leyendo un libro.
   - *They are playing soccer.* → Ellos están jugando fútbol.
3. **Negativa**:
4. **Sujeto + verbo "to be" + not + verbo con "-ing" + complemento**
   - *She is not working today.* → Ella no está trabajando hoy.
   - *We are not watching TV.* → Nosotros no estamos viendo televisión.
5. **Interrogativa**:
6. **Verbo "to be" + sujeto + verbo con "-ing" + complemento?**
   - *Are you studying English?* → ¿Estás estudiando inglés?
   - *Is he traveling to London?* → ¿Está él viajando a Londres?

Reglas Específicas para Formar el Presente Continuo

1. **Conjugación del Verbo "To Be"**:
2. Se conjuga según el sujeto:
   - *I am*

- *He/She/It is*
- *We/You/They are*

3. **Agregando "-ing" al Verbo Principal**:
4. Para formar el gerundio (la forma "-ing"), se aplican las siguientes reglas:
   - Para verbos regulares, simplemente agregamos "-ing".
     - Ejemplo: *play → playing, read → reading*.
   - Si el verbo termina en -*e*, eliminamos la "e" antes de agregar "-ing".
     - Ejemplo: *write → writing, make → making*.
   - Si el verbo termina en vocal + consonante (y tiene una sola sílaba), duplicamos la consonante antes de agregar "-ing".
     - Ejemplo: *run → running, sit → sitting*.
   - Si el verbo termina en -*ie*, cambiamos -*ie* por -*y* antes de agregar "-ing".
     - Ejemplo: *lie → lying, die → dying*.

5. **Usos del Presente Continuo**:
   - **Acciones en progreso**: Lo usamos para describir lo que está sucediendo en el momento en que hablamos.
     - *I am eating lunch.* → Estoy almorzando.
   - **Situaciones temporales**: Para hablar de acciones o estados temporales que están ocurriendo durante un período específico.
     - *She is staying with her friend this week.* → Ella se está quedando con su amiga esta semana.
   - **Planes futuros**: Para referirnos a planes ya organizados o decididos.
     - *We are flying to Paris tomorrow.* → Volamos a París mañana.

Ejemplos del Presente Continuo

1. **Afirmativas**:
   - *He is watching TV right now.* → Él está viendo televisión ahora mismo.
   - *We are studying English at the moment.* → Estamos estudiando inglés en este momento.
2. **Negativas**:
   - *I am not sleeping.* → No estoy durmiendo.
   - *They are not traveling this week.* → Ellos no están viajando esta semana.
3. **Interrogativas**:
   - *Are you listening to music?* → ¿Estás escuchando música?
   - *Is she working today?* → ¿Está ella trabajando hoy?

Reglas para Formar el Gerundio (-ing)

Cuando el verbo termina en...	Hay que...	Ejemplo
En una consonante	Agregar simplemente "-ing".	Work → Working
En "e"	Eliminar la "e" y agregar "-ing".	Write → Writing
En vocal + consonante (una sola sílaba)	Duplicar la consonante final y agregar "-ing".	Run → Running
En "ie"	Cambiar "ie" por "y" y agregar "-ing".	Lie → Lying
En vocal + consonante (más de una sílaba y con acento en la última sílaba)	Duplicar la consonante final y agregar "-ing".	Begin → Beginning
En vocal + consonante (sin acento en la última sílaba)	Agregar simplemente "-ing".	Visit → Visiting
En "y"	Agregar simplemente "-ing" (sin cambios en la "y").	Play → Playing
En "w", "x", o "z"	Agregar simplemente "-ing" (sin duplicar la consonante).	Fix → Fixing

ORACIONES AFIRMATIVAS EN PRESENTE CONTINUO

Las oraciones afirmativas en presente continuo se usan para describir acciones que están ocurriendo **en este momento**, situaciones temporales o planes futuros cercanos. Su estructura es sencilla y clara, combinando el verbo **"to be"** como auxiliar y el verbo principal con la terminación **"-ing"** (gerundio).

Reglas Gramaticales de las Oraciones Afirmativas en Presente Continuo

1. **Estructura básica:**
2. **Sujeto + verbo "to be" (am/is/are) + verbo principal con "-ing" + complemento.**
   - Ejemplo: *I am reading a book.* → Estoy leyendo un libro.
3. **Conjugación del verbo "to be":**
4. El verbo "to be" se conjuga según el sujeto:
   - *I am*
   - *He/She/It is*
   - *We/You/They are*
5. **Uso del gerundio (-ing):**
6. El verbo principal siempre lleva la terminación **"-ing"** sin importar el sujeto.
   - *She is cooking dinner.* → Ella está cocinando la cena.
7. **Complemento:**
8. Las oraciones suelen incluir un complemento que da más información sobre la acción (dónde, cuándo o cómo ocurre).
   - *They are playing soccer in the park.* → Ellos están jugando fútbol en el parque.
9. **Tiempo de la acción:**
10. Estas oraciones describen acciones en progreso en el presente inmediato o situaciones temporales.

Ejemplos Prácticos

1. *I am learning English right now.*
2. → Estoy aprendiendo inglés ahora mismo.
3. *She is talking on the phone with her friend.*
4. → Ella está hablando por teléfono con su amiga.
5. *We are planning our next vacation.*
6. → Estamos planeando nuestras próximas vacaciones.
7. *They are watching a movie together.*
8. → Ellos están viendo una película juntos.
9. *The dog is sleeping on the sofa.*
10. → El perro está durmiendo en el sofá.

ORACIONES NEGATIVAS EN PRESENTE CONTINUO

Las oraciones negativas en presente continuo se utilizan para expresar que una acción **no está ocurriendo en este momento** o que una situación **no está sucediendo** de manera temporal. Son una manera sencilla y directa de negar actividades en progreso.

Reglas Gramaticales de las Oraciones Negativas en Presente Continuo

1. **Estructura básica:**
2. **Sujeto + verbo "to be" (am/is/are) + not + verbo principal con "-ing" + complemento.**
   ○ Ejemplo: *I am not studying right now.* → No estoy estudiando ahora mismo.
3. **Uso de "not":**
4. La negación se forma añadiendo **"not"** después del verbo "to be".
   ○ Ejemplo: *She is not working today.* → Ella no está trabajando hoy.
5. **Contracciones comunes:**
6. En inglés informal, es común usar contracciones para hacer la negación más breve:
   ○ *I'm not → I am not*
   ○ *He isn't → He is not*
   ○ *They aren't → They are not*
7. **El verbo principal en "-ing":**
8. Aunque la oración es negativa, el verbo principal sigue siendo el gerundio con la terminación **"-ing"**.
   ○ Ejemplo: *We are not running in the park.* → No estamos corriendo en el parque.
9. **Complemento:**
10. Es opcional, pero añade contexto y claridad a la negación.
   ○ Ejemplo: *You are not listening to the teacher.* → No estás escuchando al profesor.

Ejemplos Prácticos

1. *I am not watching TV right now.*
2. → No estoy viendo televisión ahora mismo.
3. *She is not eating lunch at the moment.*
4. → Ella no está almorzando en este momento.
5. *They are not studying for the exam.*
6. → Ellos no están estudiando para el examen.

7. *We are not traveling this weekend.*
8. → Nosotros no estamos viajando este fin de semana.
9. *The children aren't playing outside.*
10. → Los niños no están jugando afuera.

ORACIONES INTERROGATIVAS EN PRESENTE CONTINUO

Las oraciones interrogativas en presente continuo se utilizan para hacer preguntas sobre acciones que están ocurriendo en este momento, situaciones temporales o eventos futuros planificados. Son esenciales para interactuar en inglés y entender qué está pasando en el presente.

Reglas Gramaticales de las Oraciones Interrogativas en Presente Continuo

1. **Estructura básica**:
2. La estructura de una pregunta en presente continuo es:
3. **Verbo "to be" (am/is/are) + Sujeto + Verbo principal con "-ing" + Complemento + ?**
   - Ejemplo: *Are you studying English?* → ¿Estás estudiando inglés?
4. **El verbo "to be" al principio**:
5. En inglés, el verbo "to be" se coloca antes del sujeto para indicar que se trata de una pregunta.
   - Ejemplo: *Is she coming to the party?* → ¿Ella viene a la fiesta?
6. **Sujeto**:
7. Después del verbo "to be", se coloca el sujeto (I, you, he, she, it, we, they).
   - Ejemplo: *Are they watching TV?* → ¿Ellos están viendo televisión?
8. **Verbo principal con "-ing"**:
9. El verbo principal siempre se utiliza en su forma de gerundio, terminando en **"-ing"**, independientemente de si la oración es afirmativa, negativa o interrogativa.
   - Ejemplo: *Am I doing it right?* → ¿Lo estoy haciendo bien?
10. **Complemento (opcional)**:
11. Las preguntas pueden incluir un complemento para proporcionar más detalles, como tiempo, lugar o modo.
    - Ejemplo: *Is he working at the office today?* → ¿Está él trabajando en la oficina hoy?
12. **Preguntas con palabras interrogativas (Wh- questions)**:
13. Si deseas más información específica, puedes iniciar la pregunta con una palabra interrogativa (*what, where, when, why, how, who*).
    - Ejemplo: *What are you doing?* → ¿Qué estás haciendo?
    - Ejemplo: *Where is she going?* → ¿A dónde va ella?

Ejemplos Prácticos

1. *Are you listening to music?*
2. → ¿Estás escuchando música?
3. *Is he reading a book right now?*
4. → ¿Está él leyendo un libro ahora mismo?
5. *Are they playing soccer in the park?*
6. → ¿Ellos están jugando fútbol en el parque?
7. *What is she cooking for dinner?*
8. → ¿Qué está cocinando ella para la cena?

9. *Am I speaking too fast?*
10. → ¿Estoy hablando demasiado rápido?

Notas Importantes

1. **Inversión del orden en preguntas**:
2. A diferencia del español, en inglés se invierte el orden de las palabras en las preguntas. El verbo auxiliar (*am, is, are*) siempre va primero.
   ◦ Español: ¿Ella está leyendo?
   ◦ Inglés: *Is she reading?*
3. **Contracciones en preguntas**:
4. Las contracciones no se usan en preguntas directas. Por ejemplo, no se dice *Isn't he reading?* para preguntar de forma general, aunque sí es posible en preguntas negativas.

MEDIOS DE TRANSPORTE EN INGLÉS

Medio de Transporte	Pronunciación (aprox. para hispanohablantes)	Traducción	Ejemplo en Contexto
Car	/kar/	Coche/Carro	*I drive my car to work every day.*
Bus	/bas/	Autobús	*She is waiting for the bus at the station.*
Train	/trein/	Tren	*We are taking the train to the city tomorrow.*
Plane	/plein/	Avión	*They are flying to Paris by plane next week.*
Bicycle	/bái-si-kl/	Bicicleta	*He rides his bicycle to school every morning.*
Motorcycle	/móu-to-sai-kl/	Motocicleta	*My brother is buying a new motorcycle this month.*
Boat	/bout/	Barco	*We are traveling to the island by boat.*
Subway	/sáb-wei/	Metro/Subterráneo	*She takes the subway to get to work faster.*
Taxi	/ták-si/	Taxi	*I called a taxi to take me to the airport.*
Helicopter	/hé-li-kop-ter/	Helicóptero	*The rescue team arrived by helicopter.*

Notas Importantes

1. **Variedad de transporte**: Algunos medios, como *subway*, son más comunes en áreas urbanas, mientras que otros, como *boat* o *helicopter*, se utilizan en contextos más específicos.
2. **Uso del artículo "by"**: Para expresar el medio de transporte en inglés, se utiliza *by* en muchas ocasiones. Ejemplo: *We are traveling by car.* → Estamos viajando en coche.

3. **Diferencias culturales**: Palabras como *subway* (en inglés americano) pueden variar según la región, siendo *underground* o *tube* más comunes en inglés británico.

MEDIOS DE TRANSPORTE: PREPOSICIONES Y VERBOS ESPECÍFICOS

1. Uso de Preposiciones con Medios de Transporte

Cuando hablamos de medios de transporte en inglés, a menudo usamos las preposiciones **"by"**, **"in"**, o **"on"** dependiendo del contexto:

- **By**: Usado para referirse al medio de transporte en general (sin un artículo).
- Ejemplo: *We are traveling by train.* → Estamos viajando en tren.
- **In**: Usado para transportes cerrados y pequeños, donde estamos dentro de un espacio (como coches o taxis).
- Ejemplo: *She is sitting in a car.* → Ella está sentada en un coche.
- **On**: Usado para transportes abiertos o donde nos movemos sobre una superficie, como autobuses, bicicletas, barcos o aviones.
- Ejemplo: *He is riding on a motorcycle.* → Él está montando una motocicleta.

Ejemplos con Preposiciones

1. *I am going to the airport **by taxi**.*
2. → Voy al aeropuerto en taxi.
3. *She is traveling **on a bus** to school.*
4. → Ella está viajando en autobús a la escuela.
5. *They are riding **on a bicycle** in the park.*
6. → Ellos están montando una bicicleta en el parque.
7. *We are sitting **in a car**, waiting for you.*
8. → Estamos sentados en un coche, esperándote.
9. *He is flying to London **by plane**.*
10. → Él está volando a Londres en avión.

2. Verbos Específicos para Medios de Transporte

Cada medio de transporte suele asociarse con un verbo específico que describe cómo se usa o se interactúa con él. Aquí tienes un cuadro con los más comunes:

Medio de Transporte	Verbo Específico	Ejemplo en Contexto
Car	Drive	*I drive my car to work every day.*
Bus	Take	*She takes the bus to school every morning.*
Train	Take/Ride	*We are taking the train to New York tomorrow.*
Plane	Fly	*The pilot flies the plane to different countries.*
Bicycle	Ride	*He rides his bicycle in the park every weekend.*
Motorcycle	Ride	*They are riding their motorcycles on the highway.*
Boat	Sail	*They sail their boat along the coast.*
Subway	Take	*I take the subway to get to the city center.*
Taxi	Take	*He took a taxi to the airport yesterday.*
Helicopter	Fly	*The pilot is flying the helicopter over the city.*

Notas Importantes

1. **Elección de la preposición**:
2. La elección de la preposición (*by, in, on*) depende del medio de transporte y el contexto. Por ejemplo, usamos *by car* para decir que viajamos en coche en general, pero *in a car* para describir una situación específica.

3. **Verbos específicos**:
4. Usar el verbo correcto no solo muestra un mejor dominio del idioma, sino que también hace la comunicación más natural. Verbos como *drive* se reservan para transportes que controlamos directamente, como un coche, mientras que *take* es más común con transportes públicos como autobuses o trenes.

DESCUBRIENDO PUNTOS DE INTERÉS: LUGARES IMPERDIBLES PARA VISITAR

Viajar no solo es moverse de un lugar a otro, ¡es vivir experiencias inolvidables! Explorar sitios turísticos y rincones especiales es lo que realmente hace que cada destino sea único. Desde majestuosos monumentos y fascinantes museos hasta parques naturales y vibrantes mercados locales, cada lugar tiene una historia que contar.

En esta sección, aprenderás vocabulario esencial para hablar sobre los destinos más populares, cómo describirlos y cómo preguntar por ellos en inglés. Así, podrás moverte con confianza, pedir recomendaciones y compartir tus propias aventuras como un viajero experto.

¡Es hora de descubrir nuevos horizontes y sumergirte en la cultura de cada destino como un verdadero explorador!

Lugares para Visitar: Vocabulario Básico

Lugar (Inglés)	Pronunciación (aprox. para hispanohablantes)	Traducción
City	/sí-ti/	Ciudad
Town	/taun/	Pueblo
Village	/ví-llich/	Aldea
Park	/park/	Parque
Museum	/miu-sí-em/	Museo
Zoo	/zuu/	Zoológico
Beach	/bich/	Playa
Mountain	/máun-ten/	Montaña
Lake	/leik/	Lago
River	/rí-ver/	Río
Theater	/thí-a-ter/	Teatro
Library	/lái-bra-ri/	Biblioteca
Market	/már-ket/	Mercado
Mall	/mol/	Centro comercial

Castle	/ká-sel/	Castillo
Monument	/món-iu-ment/	Monumento
Church	/chérch/	Iglesia
Square	/skuér/	Plaza
Harbor	/hár-bor/	Puerto
Stadium	/stéi-di-um/	Estadio

Notas sobre la pronunciación:

- La **r** en inglés es suave, diferente a la del español.
- La **ch** en "church" suena como "*ch*" en español.
- La **th** en "theater" suena como una z suave en español, similar a "zeta" en España.
- En "village", la **ll** suena como una **y** suave.
- En "square", el sonido **qu** se pronuncia como una "*k*" fuerte.

ADVERBIOS DE LUGAR: UBICÁNDONOS EN EL ESPACIO

Los **adverbios de lugar** son palabras que utilizamos para describir **dónde ocurre una acción** o **dónde está algo o alguien** en relación a otro punto. Son esenciales para dar direcciones, describir ubicaciones y para expresar conceptos espaciales en inglés. Por ejemplo: *"The book is here."* (El libro está aquí) o *"She is outside."* (Ella está afuera).

Estos adverbios son muy útiles en situaciones cotidianas, especialmente cuando estás viajando o explorando una ciudad nueva, ya que te ayudan a comunicarte sobre ubicaciones y desplazamientos con claridad.

REGLAS GRAMATICALES DE LOS ADVERBIOS DE LUGAR

1. **Posición en la oración**:
2. Los adverbios de lugar generalmente se colocan al final de la oración, después del verbo o del objeto.
   ○ Ejemplo: *The children are playing outside.* → Los niños están jugando afuera.
   ○ Ejemplo: *He is standing there.* → Él está parado allí.
3. **No se modifican**:
4. Los adverbios de lugar son invariables, es decir, no cambian de forma dependiendo del sujeto o tiempo verbal. Siempre se usan de la misma manera.
   ○ Ejemplo: *She went upstairs.* → Ella subió.
   ○ Ejemplo: *We are staying nearby.* → Nos estamos quedando cerca.
5. **Combinación con preposiciones**:
6. A veces, los adverbios de lugar se combinan con preposiciones para describir ubicaciones más específicas.
   ○ Ejemplo: *The café is just around the corner.* → El café está justo a la vuelta de la esquina.
   ○ Ejemplo: *The keys are on the table.* → Las llaves están sobre la mesa.
7. **Uso para dar direcciones**:
8. Los adverbios de lugar también se utilizan mucho para indicar direcciones.
   ○ Ejemplo: *Go straight ahead and turn left.* → Sigue recto y gira a la izquierda.

Adverbio (Inglés)	Pronunciación (aprox. para hispanohablantes)	Traducción
Here	/jíer/	Aquí
There	/dér/	Allí
Inside	/in-sáid/	Dentro
Outside	/aut-sáid/	Fuera
Above	/a-bóv/	Encima
Below	/bi-lóu/	Debajo
Nearby	/níar-bái/	Cerca
Far	/far/	Lejos
Upstairs	/áp-stérs/	Arriba (escaleras)
Downstairs	/dáun-stérs/	Abajo (escaleras)
Ahead	/a-jéd/	Adelante
Behind	/bi-jáind/	Detrás
Over	/óu-ver/	Sobre
Under	/án-der/	Debajo
Around	/a-ráund/	Alrededor

Notas sobre la pronunciación:

- **Here y There**: La *r* es suave y la *e* suena más como una *i* en español.
- **Inside y Outside**: Ambas terminan en -*side*, que se pronuncia *"sáid"*.
- **Above**: No se pronuncia la *e* final.
- **Behind**: Suena *bi-jáind*, con énfasis en la segunda sílaba.
- **Over y Under**: Se pronuncian con una *r* suave al final.

- **Around**: Se pronuncia como *a-ráund*, con énfasis en la última parte.

Preguntas y Respuestas para Pedir y Dar Indicaciones
Preguntas y Respuestas

1. **Question:** *Excuse me, how do I get to the train station?*
2. **Answer:** *Go straight ahead, then turn left at the traffic light. The station is on your right.*
3. → Disculpe, ¿cómo llego a la estación de tren?
4. → Vaya todo recto, luego gire a la izquierda en el semáforo. La estación está a su derecha.
5. **Question:** *Where is the nearest bus stop?*
6. **Answer:** *The nearest bus stop is just around the corner.*
7. → ¿Dónde está la parada de autobús más cercana?
8. → La parada de autobús más cercana está a la vuelta de la esquina.
9. **Question:** *Can you tell me how to get to the museum?*
10. **Answer:** *Walk down this street for two blocks, and the museum will be on your left.*
11. → ¿Puede decirme cómo llegar al museo?
12. → Camine por esta calle dos cuadras y el museo estará a su izquierda.
13. **Question:** *How far is the airport from here?*
14. **Answer:** *It's about 10 miles away. You can take a taxi or a bus.*
15. → ¿Qué tan lejos está el aeropuerto de aquí?
16. → Está a unas 10 millas. Puede tomar un taxi o un autobús.
17. **Question:** *Excuse me, is there a pharmacy nearby?*
18. **Answer:** *Yes, there is one next to the supermarket.*
19. → Disculpe, ¿hay una farmacia cerca?
20. → Sí, hay una al lado del supermercado.
21. **Question:** *How do I get to the city center?*
22. **Answer:** *Take the subway and get off at Central Station.*
23. → ¿Cómo llego al centro de la ciudad?
24. → Tome el metro y bájese en la estación central.
25. **Question:** *Where can I find a taxi?*
26. **Answer:** *There's a taxi stand near the hotel entrance.*
27. → ¿Dónde puedo encontrar un taxi?
28. → Hay una parada de taxis cerca de la entrada del hotel.
29. **Question:** *What's the best way to get to the beach?*
30. **Answer:** *You can walk for 15 minutes, or take the bus if you prefer.*
31. → ¿Cuál es la mejor manera de llegar a la playa?
32. → Puede caminar 15 minutos o tomar el autobús si lo prefiere.
33. **Question:** *Is the library far from here?*
34. **Answer:** *No, it's just a five-minute walk.*
35. → ¿Está lejos la biblioteca de aquí?
36. → No, está a solo cinco minutos a pie.
37. **Question:** *Can you help me find the nearest coffee shop?*
38. **Answer:** *Of course! Go straight ahead, and you'll see it next to the bank.*
39. → ¿Puede ayudarme a encontrar la cafetería más cercana?
40. → ¡Por supuesto! Siga todo recto y la verá al lado del banco.

Notas Adicionales

1. **Palabras clave útiles**:
   - *Straight ahead* → Todo recto.
   - *Turn left/right* → Gire a la izquierda / derecha.
   - *On your left/right* → A su izquierda / derecha.
   - *Nearby* → Cerca.
2. **Cortesía en preguntas**:
3. Siempre es importante comenzar con frases como *"Excuse me"* o *"Can you tell me…"*, para ser educado al pedir direcciones.

ADJETIVOS PARA DESCRIBIR LUGARES

Los **adjetivos** son herramientas esenciales para describir lugares y darles vida a nuestras palabras. En inglés, podemos usar adjetivos para hablar sobre la **apariencia**, el **tamaño**, la **atmósfera** o incluso la **ubicación** de un lugar. Esto nos ayuda a expresar nuestras impresiones y opiniones de manera más detallada y atractiva.

Reglas Gramaticales para Usar Adjetivos

1. **Posición del adjetivo**:
2. En inglés, los adjetivos se colocan **antes del sustantivo** que describen:
   - *A beautiful park* → Un parque hermoso.
   - *A large city* → Una ciudad grande.
3. **Uso con verbos como "to be"**:
4. También se pueden usar después de verbos como *to be*, para describir el estado o característica del lugar.
   - *The museum is interesting.* → El museo es interesante.
5. **Orden de los adjetivos**:
6. Cuando usamos más de un adjetivo, seguimos un orden específico:
7. **Opinión → Tamaño → Edad → Forma → Color → Origen → Material → Propósito + Sustantivo**
   - *A beautiful small old house.* → Una hermosa casa pequeña y antigua.
8. **Adjetivos comparativos y superlativos**:
9. Los adjetivos también se pueden usar para comparar lugares o destacar el más destacado:
   - *This park is bigger than the other one.* → Este parque es más grande que el otro.
   - *That is the most popular museum in the city.* → Ese es el museo más popular de la ciudad.

Cuadro de Adjetivos para Describir Lugares

Adjetivo (Inglés)	Pronunciación (aprox. para hispanohablantes)	Traducción
Beautiful	/bíu-ti-ful/	Hermoso
Crowded	/kráu-ded/	Lleno de gente
Quiet	/kuái-et/	Tranquilo
Big	/big/	Grande
Small	/es-mól/	Pequeño
Historic	/jis-tó-rik/	Histórico
Modern	/mó-dern/	Moderno
Clean	/klín/	Limpio
Dirty	/dér-ti/	Sucio
Peaceful	/pís-ful/	Pacífico/Tranquilo
Famous	/féi-mus/	Famoso
Touristy	/tú-ris-ti/	Turístico
Expensive	/eks-pén-siv/	Caro
Cheap	/chíip/	Barato
Stunning	/stó-nin/	Impresionante
Remote	/ri-móut/	Remoto
Bustling	/bás-lin/	Lleno de actividad
Picturesque	/pik-ches-rék/	Pintoresco
Overcrowded	/óu-ver-kráu-ded/	Superpoblado

Notas sobre la pronunciación:

- **Quiet** se pronuncia *kuái-et*, con énfasis en la primera sílaba.
- **Beautiful** suena como *bíu-ti-ful*, evitando pronunciar la "ea" como en español.
- **Touristy** y **Stunning** mantienen la *i* final como una *i* corta, similar a la de "sit".
- **Cheap** tiene un sonido *"ch"* fuerte y una *i* larga (*chíip*).
- **Overcrowded** se desglosa en *óu-ver-kráu-ded*, destacando la primera y segunda sílaba.
- **Picturesque** es complicado, pero suena como *pik-ches-rék*, donde la *t* y la *ch* se fusionan.

Ejemplos de Uso

1. *The beach is beautiful and quiet.*
2. → La playa es hermosa y tranquila.
3. *This city is very crowded during the holidays.*
4. → Esta ciudad está muy llena de gente durante las vacaciones.
5. *The museum is historic and interesting.*
6. → El museo es histórico e interesante.
7. *We stayed in a charming small village.*
8. → Nos quedamos en un encantador pueblo pequeño.
9. *The restaurant is expensive, but the food is delicious.*

10. → El restaurante es caro, pero la comida es deliciosa.

Notas Adicionales

1. **Variedad en el vocabulario**:
2. Combinar diferentes tipos de adjetivos (opinión, tamaño, ubicación) te permite ser más descriptivo y específico en tus expresiones.
3. **Adjetivos neutros y subjetivos**:
4. Algunos adjetivos, como *big* o *small*, son objetivos, mientras que otros, como *beautiful* o *boring*, dependen de la percepción personal.

VOCABULARIO ÚTIL PARA VIAJES

Palabra/Frase (Inglés)	Pronunciación (aprox. para hispanohablantes)	Traducción
Ticket	/tí-ket/	Boleto/Entrada
Passport	/pás-port/	Pasaporte
Luggage	/lág-guich/	Equipaje
Map	/map/	Mapa
Reservation	/re-ser-véi-shon/	Reserva
Hotel	/jou-tél/	Hotel
Flight	/fláit/	Vuelo
Gate	/guéit/	Puerta (de embarque)
Currency Exchange	/kó-ren-si iks-chéinch/	Casa de cambio
Souvenir	/su-ve-nír/	Recuerdo/Souvenir

Notas sobre la pronunciación:

- **Luggage** → Se pronuncia *"lág-guich"*, sin la "e" al final.
- **Reservation** → La "tion" suena como *"shon"*, parecido a "nación" en español.
- **Hotel** → En inglés, la sílaba fuerte es la última: *"jou-tél"*.
- **Flight** → La "gh" es muda, por lo que se pronuncia como *"fláit"*.
- **Currency Exchange** → La "x" en *exchange* suena como *"iks"*, y la "ch" como *"ch"* en español.
- **Souvenir** → Se pronuncia *"su-ve-nír"*, con énfasis en la última sílaba.

Ejemplos de Uso

1. *I need to buy a ticket for the train.*
2. → Necesito comprar un boleto para el tren.
3. *Don't forget your passport at home!*
4. → ¡No olvides tu pasaporte en casa!
5. *Where can I store my luggage?*
6. → ¿Dónde puedo guardar mi equipaje?
7. *Do you have a map of the city?*
8. → ¿Tienes un mapa de la ciudad?
9. *I made a reservation at a hotel downtown.*

10. → Hice una reserva en un hotel en el centro.
11. *Our flight leaves at 6 p.m.*
12. → Nuestro vuelo sale a las 6 p.m.
13. *The gate for our flight is number 12.*
14. → La puerta para nuestro vuelo es la número 12.
15. *Where can I find a currency exchange office?*
16. → ¿Dónde puedo encontrar una casa de cambio?
17. *I always buy souvenirs for my friends when I travel.*
18. → Siempre compro recuerdos para mis amigos cuando viajo.
19. *How much does the taxi to the hotel cost?*
20. → ¿Cuánto cuesta el taxi al hotel?

Notas Adicionales

Este vocabulario es esencial para cualquier viajero, ya que cubre aspectos clave como transporte, alojamiento, y compras. Aprender estas palabras ayudará al lector a manejar situaciones básicas durante sus viajes.

———

EJERCICIOS PARA PRACTICAR DEL CAPÍTULO 3

¡VAMOS A PRACTICAR!

¡Es momento de poner en práctica lo aprendido! Recuerda que cada ejercicio te acerca más a hablar inglés con fluidez.

> ✎ ¡Ojo! (si estás en versión eBook) Como en el eBook no se puede escribir directamente, toma tu cuaderno favorito o una hoja suelta para apuntar tus respuestas. Así lo aprovechas al máximo y aprendes mucho más. ¡Manos a la obra!

1 Completa con la Conjugación Correcta del Verbo
Usa la forma correcta del verbo en **presente simple** según el sujeto de la oración.

1. She ___ (drive) her car every morning.
2. We ___ (visit) the museum tomorrow.
3. They ___ (play) soccer in the park every weekend.
4. I ___ (study) English twice a week.
5. He ___ (work) at the hotel on Saturdays.
6. The plane ___ (arrive) at 5:00 p.m. every day.
7. You ___ (ride) your bike to school every day.

Recuerda: En presente simple, los verbos llevan **"-s"** en tercera persona del singular (*he, she, it*).

2 Agrega "-ing" a los Verbos
Transforma estos verbos en su **forma -ing** para usarlos en presente continuo.

1. To swim → ___
2. To write → ___
3. To sit → ___
4. To run → ___
5. To lie → ___
6. To begin → ___
7. To play → ___

Recuerda: Si el verbo termina en **"e"**, elimínala antes de agregar "-ing" (*write → writing*). Si es corto y termina en **consonante-vocal-consonante**, duplica la última consonante (*run → running*).

3 Completa con el Verbo en Presente Continuo
Usa el verbo entre paréntesis en **presente continuo** (am/is/are + verbo + -ing).

1. She ___ (read) a book in the library.
2. They ___ (watch) a movie at home.
3. We ___ (travel) to London tomorrow.
4. He ___ (cook) dinner for his family.
5. I ___ (study) for my English test.
6. The kids ___ (play) outside in the garden.
7. You ___ (wait) for the bus at the station.

Truco: Usa el presente continuo para acciones que **están ocurriendo ahora o en un futuro cercano planeado**.

4 Verdadero o Falso: Reglas del Presente Simple
Indica si cada afirmación es **Verdadera ( )** o **Falsa ( )**.

1. The train leaves at 7:00 a.m. every day.
2. She don't like coffee.
3. He plays soccer on Saturdays.
4. They is studying English right now.
5. You always go to the beach in summer.
6. I am not working today.
7. The museum opens at 9:00 a.m.

! Recuerda: En presente simple, con "he, she, it" usamos **"does"** en negativas y preguntas (*She doesn't like coffee*).

5 Completa con el Transporte Correcto en Inglés
Escribe el medio de transporte correcto en inglés.

1. She is waiting for the ___ (autobús).
2. We are flying to Paris by ___ (avión).
3. He rides his ___ (bicicleta) every afternoon.

4. They are traveling to the island by ___ (barco).
5. I took a ___ (taxi) to the airport this morning.
6. The ___ (tren) leaves at 8:30 a.m.
7. We rented a ___ (coche) for our road trip.

🚌✈🚆 *¡Piensa en tus viajes y completa con confianza!*

―――――

Respuestas

¡Aquí tienes las respuestas a los ejercicios!

1 **Completa con la Conjugación Correcta del Verbo**

1. She **drives** her car every morning.
2. We **visit** the museum tomorrow.
3. They **play** soccer in the park every weekend.
4. I **study** English twice a week.
5. He **works** at the hotel on Saturdays.
6. The plane **arrives** at 5:00 p.m. every day.
7. You **ride** your bike to school every day.

✅ *Regla:* En **tercera persona del singular (he, she, it)** agregamos **"-s"** al verbo.

2 **Agrega "-ing" a los Verbos**

1. To swim → **swimming**
2. To write → **writing**
3. To sit → **sitting**
4. To run → **running**
5. To lie → **lying**
6. To begin → **beginning**
7. To play → **playing**

📌 *Reglas:*

- **Si termina en "e"**, se elimina antes de añadir "-ing" (*write → writing*).
- **Si es corto y termina en consonante-vocal-consonante**, duplicamos la última consonante (*run → running*).

3 **Completa con el Verbo en Presente Continuo**

1. She **is reading** a book in the library.
2. They **are watching** a movie at home.
3. We **are traveling** to London tomorrow.
4. He **is cooking** dinner for his family.

5. I **am studying** for my English test.
6. The kids **are playing** outside in the garden.
7. You **are waiting** for the bus at the station.

🔘 *Regla:* **am/is/are + verbo + "-ing".**

4️⃣ **Verdadero o Falso: Reglas del Presente Simple**

1. ☑️ **True** → *The train leaves at 7:00 a.m. every day.*
2. ✖️ **False** → *She **doesn't** like coffee.*
3. ☑️ **True** → *He plays soccer on Saturdays.*
4. ✖️ **False** → *They **are** studying English right now.*
5. ☑️ **True** → *You always go to the beach in summer.*
6. ☑️ **True** → *I am not working today.*
7. ☑️ **True** → *The museum opens at 9:00 a.m.*

❗ *Recuerda:* En **presente simple negativo**, usamos **"doesn't"** con *he, she, it* y **"don't"** con los demás pronombres.

5️⃣ **Completa con el Transporte Correcto en Inglés**

1. She is waiting for the **bus**.
2. We are flying to Paris by **plane**.
3. He rides his **bicycle** every afternoon.
4. They are traveling to the island by **boat**.
5. I took a **taxi** to the airport this morning.
6. The **train** leaves at 8:30 a.m.
7. We rented a **car** for our road trip.

———

AUDIOLIBRO DE PRONUNCIACIÓN BOOK 1 - CHAPTER 3

Usa estos audios a tu favor. **Escucha, repite, imita la pronunciación y pierde el miedo a hablar.** Cuanto más te expongas al inglés, más rápido mejorarás.

BOOK 1 - CHAPTER 3

CAPÍTULO 4
¡DOMINA EL INGLÉS PARA COMPRAR CON CONFIANZA!

IR DE COMPRAS

r de compras no es solo una actividad cotidiana, ¡también es una gran oportunidad para practicar inglés! Ya sea que estés buscando ropa, comida o souvenirs en otro país, saber cómo preguntar precios, expresar lo que te gusta y entender a los vendedores hará que la experiencia sea mucho más fácil y divertida.

En este capítulo, descubrirás vocabulario clave para moverte con soltura en tiendas, incluyendo nombres de prendas, accesorios y términos básicos que escucharás al comprar. También aprenderás frases súper útiles para pedir tallas, preguntar por descuentos y asegurarte de que consigues justo lo que buscas.

Cuadro de Prendas de Vestir en Inglés

Prenda (Español)	Prenda (Inglés)	Pronunciación (aprox. para hispanohablantes)
Camisa	Shirt	/shert/
Pantalones	Pants (EE.UU.) / Trousers (UK)	/pants/ - /tráu-sers/
Falda	Skirt	/skert/
Vestido	Dress	/dres/
Chaqueta	Jacket	/yá-ket/
Suéter	Sweater (EE.UU.) / Jumper (UK)	/sué-ter/ - /yám-per/
Camiseta	T-shirt	/tí-shert/
Jeans	Jeans	/yins/
Pantalones cortos	Shorts	/shórts/
Abrigo	Coat	/kóut/
Bufanda	Scarf	/es-karf/
Guantes	Gloves	/glovs/
Gorro	Hat	/jat/

Sombrero	Hat	/jat/
Zapatos	Shoes	/shus/
Zapatillas deportivas	Sneakers (EE.UU.) / Trainers (UK)	/sní-kers/ - /tréi-ners/
Sandalias	Sandals	/sán-dals/
Botas	Boots	/búts/
Calcetines	Socks	/soks/
Traje	Suit	/sut/
Corbata	Tie	/tai/
Blusa	Blouse	/blaus/
Ropa interior	Underwear	/án-der-uér/
Sujetador	Bra	/bra/
Pijama	Pajamas (EE.UU.) / Pyjamas (UK)	/pa-yá-mas/ - /pa-yá-mas/
Chaleco	Vest	/vest/
Pantalón de deporte	Sweatpants	/suét-pants/

Mallas / Leggings	Leggings	/lé-gins/
Ropa de baño	Swimsuit	/suím-sut/
Ropa elegante	Formal wear	/fór-mal uér/

Notas sobre la pronunciación:

- **Shirt** → **"shert"** (sin una "r" fuerte).
- **Jacket** → **"yá-ket"**, con "j" suave como en *yes*.
- **Suit** → **"sut"**, sin pronunciar la "i" como en español.
- **Sweater** → **"sué-ter"**, con "er" más suave.
- **Blouse** → **"blaus"**, parecido a "house".
- **Pajamas** → **"pa-yá-mas"**, igual en inglés americano y británico.

ADJETIVOS PARA DESCRIBIR PRENDAS DE VESTIR EN UN CONTEXTO DE COMPRAS

Cuando vamos de compras, no solo necesitamos saber el nombre de las prendas, sino también cómo describirlas. Es importante poder expresar nuestras preferencias en cuanto a **tamaño, estilo, color, material y comodidad** para encontrar lo que realmente buscamos.

En inglés, los adjetivos se colocan **antes del sustantivo** que describen, por ejemplo:

- *I want a red dress.* → Quiero un vestido rojo.
- *This jacket is too big.* → Esta chaqueta es demasiado grande.

A continuación, veremos un cuadro con los adjetivos más útiles para describir la ropa en una tienda.
Cuadro de Adjetivos para Describir Prendas

Adjetivo (Inglés)	Pronunciación (aprox. para hispanohablantes)	Traducción
Big	/big/	Grande
Small	/es-mól/	Pequeño
Tight	/táit/	Ajustado/Estrecho
Loose	/lús/	Holgado/Suelto
Long	/long/	Largo
Short	/shórt/	Corto
Comfortable	/kóm-for-ta-bl/	Cómodo
Uncomfortable	/an-kóm-for-ta-bl/	Incómodo
Elegant	/é-li-gant/	Elegante
Casual	/ká-shu-al/	Casual/Informal
Formal	/fór-mal/	Formal
Trendy	/trén-di/	A la moda
Classic	/klá-sik/	Clásico
Cheap	/chíip/	Barato
Expensive	/eks-pén-siv/	Caro
Soft	/soft/	Suave
Rough	/ruf/	Áspero
Light	/láit/	Ligero
Heavy	/hé-vi/	Pesado
Warm	/uórm/	Cálido/Abrigado
Cool	/kul/	Fresco
Thin	/zin/	Delgado
Thick	/zik/	Grueso
Wrinkled	/rín-kold/	Arrugado
New	/niu/	Nuevo
Old	/óuld/	Viejo

Notas sobre la pronunciación:

- **Comfortable → "kóm-for-ta-bl"**, aunque en inglés suele sonar más como *"kómf-ter-bl"*, esta versión es más fácil para hispanohablantes.
- **Tight → "táit"**, la *gh* es muda.
- **Wrinkled → "rín-kold"**, la *w* no se pronuncia fuerte.
- **Cheap → "chíip"**, con una *i* larga.
- **Expensive → "eks-pén-siv"**, acentuando la segunda sílaba.

Notas Adicionales

1. **Adjetivos de tamaño y ajuste**:

- *I need a smaller size.* → Necesito una talla más pequeña.
- *This shirt is too tight.* → Esta camisa es demasiado ajustada.
2. **Adjetivos de estilo y apariencia**:
   - *That dress looks very elegant.* → Ese vestido se ve muy elegante.
   - *I prefer casual clothes.* → Prefiero la ropa informal.
3. **Adjetivos de calidad y precio**:
   - *This jacket is very expensive.* → Esta chaqueta es muy cara.
   - *These shoes are cheap but comfortable.* → Estos zapatos son baratos pero cómodos.

COLORES PARA DESCRIBIR PRENDAS EN UN CONTEXTO DE COMPRAS

Cuando vamos de compras, uno de los aspectos más importantes al elegir ropa es el **color**. En inglés, los colores funcionan como adjetivos y, al igual que otros adjetivos, **se colocan antes del sustantivo** que describen.
Por ejemplo:

- *I want a red jacket.* → Quiero una chaqueta roja.
- *Do you have this shirt in blue?* → ¿Tienen esta camisa en azul?

A continuación, veremos un cuadro con los colores más comunes y sus variantes en inglés.
Cuadro de Colores en Inglés

Color (Inglés)	Pronunciación (aprox. para hispanohablantes)	Traducción
White	/uáit/	Blanco
Black	/blak/	Negro
Gray (EE.UU.) / Grey (UK)	/grei/	Gris
Red	/red/	Rojo
Blue	/blu/	Azul
Light Blue	/láit blu/	Azul claro
Dark Blue	/dark blu/	Azul oscuro
Green	/grin/	Verde
Light Green	/láit grin/	Verde claro
Dark Green	/dark grin/	Verde oscuro
Yellow	/yé-lou/	Amarillo
Orange	/ó-ranch/	Naranja
Pink	/pink/	Rosa
Purple	/pér-pl/	Morado/Violeta
Brown	/braun/	Marrón/Café
Beige	/beish/	Beige
Gold	/góuld/	Dorado

Silver	/síl-ver/	Plateado
Burgundy	/bér-gun-di/	Burdeos/Vino
Turquoise	/túr-kuoiz/	Turquesa
Lavender	/lá-ven-der/	Lavanda
Mustard	/mós-tard/	Mostaza
Peach	/pich/	Melocotón/Durazno
Olive Green	/ó-liv grin/	Verde oliva
Navy Blue	/néi-vi blu/	Azul marino
Teal	/til/	Verde azulado

Notas sobre la pronunciación:

- **White → "uáit"**, la "h" es muda.
- **Yellow → "yé-lou"**, con énfasis en la primera sílaba.
- **Orange → "ó-ranch"**, similar a "naranja", pero sin la "a" final.
- **Beige → "beish"**, suena como "beish" en español.
- **Turquoise → "túr-kuoiz"**, con la "oiz" sonando como "oiz".
- **Burgundy → "bér-gun-di"**, con "g" suave.

Notas Adicionales

1. **Uso de "light" y "dark":**
2. Para describir tonos más claros u oscuros de un color, usamos *light* (claro) o *dark* (oscuro).
   - *I like dark blue jackets.* → Me gustan las chaquetas azul oscuro.
   - *She prefers light green dresses.* → Ella prefiere los vestidos verde claro.
3. **Combinaciones de colores:**
4. Cuando una prenda tiene más de un color, usamos **and** (y) o **with** (con).
   - *This shirt is red and white.* → Esta camisa es roja y blanca.
   - *Do you have a black jacket with gold details?* → ¿Tienen una chaqueta negra con detalles dorados?
5. **Formas alternativas de describir colores:**
6. A veces, los colores pueden describirse con referencias a la naturaleza o materiales:
   - *Sky blue* → Azul cielo.
   - *Cherry red* → Rojo cereza.
   - *Emerald green* → Verde esmeralda.

ADVERBIOS DE CANTIDAD: QUITE, VERY, REALLY Y TOO

Cuando vamos de compras y queremos describir una prenda, su precio o cómo nos queda, es común usar **adverbios de cantidad** para enfatizar la intensidad de una característica. En inglés, los adverbios **"quite"**, **"very"**, **"really"** y **"too"** nos ayudan a expresar diferentes grados de intensidad al hablar sobre la ropa y cómo nos sentimos con ella.

Por ejemplo:

- *This dress is very expensive.* → Este vestido es muy caro.
- *These shoes are too small for me.* → Estos zapatos son demasiado pequeños para mí.

A continuación, veremos un cuadro con estos adverbios y sus significados.

Cuadro de Adverbios de Cantidad

Adverbio (Inglés)	Pronunciación (aprox. para hispanohablantes)	Traducción
Quite	/kuáit/	Bastante
Very	/véri/	Muy
Really	/rí-li/	Realmente
Too	/tú/	Demasiado

Notas sobre la pronunciación:

- **Quite** → "kuáit", con sonido similar a "white".
- **Very** → "véri", con la "r" suave.
- **Really** → "rí-li", pronunciando la "i" como en "ri".
- **Too** → "tú", igual que "two".

Diferencias y Uso de los Adverbios

1. **Quite** → Se usa para indicar un grado moderado de intensidad, similar a "bastante".
   - *This dress is quite elegant.* (Este vestido es bastante elegante).
2. **Very** → Expresa un grado alto de intensidad, más fuerte que *quite*.
   - *These pants are very expensive.* (Estos pantalones son muy caros).
3. **Really** → Se usa para enfatizar aún más que *very*, similar a "realmente" o "muy".
   - *This jacket is really comfortable.* (Esta chaqueta es realmente cómoda).
4. **Too** → Se usa para indicar un exceso, algo negativo. Se traduce como "demasiado" cuando implica que algo no es adecuado.
   - *These shoes are too tight.* (Estos zapatos son demasiado ajustados).

Ejemplos en el Contexto de Compras de Ropa

1. *This dress is quite nice, but I prefer another color.*
2. → Este vestido es bastante bonito, pero prefiero otro color.
3. *These pants are very cheap, let's buy them!*
4. → Estos pantalones son muy baratos, ¡compremoslos!
5. *This coat is really warm, perfect for winter.*
6. → Este abrigo es realmente cálido, perfecto para el invierno.
7. *These shoes are too big for me, do you have a smaller size?*
8. → Estos zapatos son demasiado grandes para mí, ¿tienen una talla más pequeña?
9. *That sweater is quite soft, I like it.*
10. → Ese suéter es bastante suave, me gusta.
11. *This jacket is very stylish, it looks amazing!*
12. → Esta chaqueta es muy elegante, ¡se ve increíble!
13. *These jeans are really comfortable, I could wear them all day.*
14. → Estos jeans son realmente cómodos, podría usarlos todo el día.
15. *The dress is too short for me, I prefer a longer one.*
16. → El vestido es demasiado corto para mí, prefiero uno más largo.

17. *This blouse is quite elegant, I think I'll buy it.*
18. → Esta blusa es bastante elegante, creo que la compraré.
19. *The store is very crowded today, let's come back later.*
20. → La tienda está muy llena hoy, volvamos más tarde.

Notas Adicionales

1. **Evitar el uso de "too" en un contexto positivo**:
2. *Too* generalmente indica algo negativo o excesivo, por lo que no se usa para elogiar.
   - Incorrecto: *This dress is too beautiful!* ✖
   - Correcto: *This dress is really beautiful!* ☑
3. **Uso frecuente en tiendas y compras**:
4. Estos adverbios son clave para expresar opiniones sobre ropa, precios y tallas de manera clara y precisa.

DEMOSTRATIVOS: THIS, THAT, THESE, THOSE

Los **adjetivos demostrativos** en inglés (*this, that, these, those*) se usan para señalar y referirse a objetos en función de su distancia con respecto al hablante. Son esenciales en un contexto de compras, ya que nos permiten indicar exactamente qué prenda o artículo queremos ver, comprar o probar.

- *This dress is beautiful.* → Este vestido es hermoso.
- *Those shoes are too expensive.* → Esos zapatos son demasiado caros.

A continuación, veremos en detalle cómo se usan en singular y plural.

Cuadro de Adjetivos Demostrativos

Demostrativo (Inglés)	Pronunciación (aprox. para hispanohablantes)	Traducción (Español)	Uso
This	/dis/	Este / Esta	Singular, algo cercano
That	/dat/	Ese / Esa / Aquel / Aquella	Singular, algo lejano
These	/díis/	Estos / Estas	Plural, algo cercano
Those	/dóus/	Esos / Esas / Aquellos / Aquellas	Plural, algo lejano

Notas sobre la pronunciación:

- **This** → **"dis"**, con una "i" corta.
- **That** → **"dat"**, con una "a" abierta como en "gato".
- **These** → **"díis"**, con una "i" más larga que en "this".
- **Those** → **"dóus"**, similar a "dos" en español pero con "ou" como en "soul".

Ejemplos en el Contexto de Compras

1. *This shirt is very soft.*

2. → Esta camisa es muy suave.

3. *That dress is too expensive for me.*

4. → Ese vestido es demasiado caro para mí.

5. *These jeans fit me perfectly.*

6. → Estos jeans me quedan perfectamente.

7. *Those shoes look amazing!*

8. → ¡Esos zapatos se ven increíbles!

9. *Can I try on this jacket?*

10. → ¿Puedo probarme esta chaqueta?

Notas Adicionales

1. **Diferencia entre "this" y "that":**
   ○ *This* se usa para lo que está cerca: *This sweater is nice.* (Este suéter es bonito).
   ○ *That* se usa para lo que está más lejos: *That store is too crowded.* (Esa tienda está muy llena).
2. **Plural de "this" y "that":**
   ○ *These* es el plural de *this* y se usa para cosas cercanas en plural.
   ○ *Those* es el plural de *that* y se usa para cosas lejanas en plural.

DIFERENCIA ENTRE ADJETIVOS Y PRONOMBRES DEMOSTRATIVOS

En inglés, los **demostrativos** pueden actuar como **adjetivos** o **pronombres**, dependiendo de cómo se usen en la oración. Aunque *this, that, these* y *those* son las mismas palabras en ambos casos, su función dentro de la oración cambia.

Los **adjetivos demostrativos** acompañan a un sustantivo, describiéndolo y especificando cuál es en función de la distancia con el hablante. Se colocan antes del sustantivo que modifican.

- *This dress is beautiful.* (Este vestido es hermoso).
- *Those shoes are too expensive.* (Esos zapatos son demasiado caros).

Por otro lado, los **pronombres demostrativos** reemplazan al sustantivo cuando el contexto ya deja claro a qué nos referimos. Se usan sin un sustantivo después y pueden usarse solos en una oración.

- *This is my favorite jacket.* (Esta es mi chaqueta favorita).
- *Those are not my shoes.* (Esos no son mis zapatos).

En resumen, la diferencia radica en que los adjetivos demostrativos **acompañan un sustantivo**, mientras que los pronombres demostrativos **lo reemplazan**.

Ejemplos de Adjetivos y Pronombres Demostrativos

1. **Adjetivo:** *This sweater is very comfortable.* (Este suéter es muy cómodo).
2. **Pronombre:** *This is very comfortable.* (Este es muy cómodo).
3. **Adjetivo:** *That store has great discounts.* (Esa tienda tiene grandes descuentos).
4. **Pronombre:** *That is my favorite store.* (Esa es mi tienda favorita).
5. **Adjetivo:** *These jeans fit me perfectly.* (Estos jeans me quedan perfectamente).
6. **Pronombre:** *These are my favorite jeans.* (Estos son mis jeans favoritos).
7. **Adjetivo:** *Those shoes look amazing!* (Esos zapatos se ven increíbles).
8. **Pronombre:** *Those are not my size.* (Esos no son mi talla).

9. **Adjetivo:** *This bag is too expensive.* (Este bolso es demasiado caro).
10. **Pronombre:** *This is too expensive.* (Este es demasiado caro).
11. **Adjetivo:** *That dress is perfect for the party.* (Ese vestido es perfecto para la fiesta).
12. **Pronombre:** *That is exactly what I was looking for.* (Ese es exactamente lo que estaba buscando).
13. **Adjetivo:** *These sunglasses are really stylish.* (Estas gafas de sol son realmente elegantes).
14. **Pronombre:** *These are my favorite sunglasses.* (Estas son mis gafas de sol favoritas).
15. **Adjetivo:** *Those hats are too big for me.* (Esos sombreros son demasiado grandes para mí).
16. **Pronombre:** *Those are not mine.* (Esos no son míos).
17. **Adjetivo:** *This shirt is too tight.* (Esta camisa es demasiado ajustada).
18. **Pronombre:** *This is not the right size.* (Esta no es la talla correcta).
19. **Adjetivo:** *Those earrings are beautiful.* (Esos aretes son hermosos).
20. **Pronombre:** *Those are exactly what I wanted.* (Esos son exactamente lo que quería).

Cuadro de Demostrativos en Inglés

Demostrativo (Inglés)	Pronunciación (aprox. para hispanohablantes)	Traducción (Español)
This	/dis/	Este / Esta
That	/dat/	Ese / Esa / Aquel / Aquella
These	/díis/	Estos / Estas
Those	/dóus/	Esos / Esas / Aquellos / Aquellas

Notas sobre la pronunciación:

- **This → "dis"**, con una "i" corta.
- **That → "dat"**, con una "a" abierta como en "gato".
- **These → "díis"**, con una "i" larga, como en "bee".
- **Those → "dóus"**, similar a "dos" en español pero con "ou" como en "soul".

Reglas Gramaticales de los Demostrativos

1. **Concordancia en número**
2. En inglés, los demostrativos deben concordar en **número** con el sustantivo al que hacen referencia:
    - *This (singular) → These (plural)*
    - *That (singular) → Those (plural)*
3. **Ubicación y distancia**
    - *This* y *these* se usan para objetos cercanos al hablante.
    - *That* y *those* se usan para objetos más lejanos en el espacio o en el tiempo.
    - Ejemplo:
        - *This dress (cerca)* vs. *That dress (lejos)*.
        - *These shoes (cerca, plural)* vs. *Those shoes (lejos, plural)*.
4. **Diferencia entre adjetivo y pronombre**
    - Si el demostrativo acompaña un sustantivo, es un **adjetivo demostrativo**.
    - Si el demostrativo reemplaza el sustantivo, es un **pronombre demostrativo**.
    - Ejemplo:

- *This shirt is new.* (Adjetivo demostrativo).
- *This is new.* (Pronombre demostrativo).

5. **Uso en preguntas y respuestas**
6. Los demostrativos se usan a menudo en preguntas sobre objetos:
   - *What is this?* → ¿Qué es esto?
   - *Is that yours?* → ¿Eso es tuyo?

7. **Uso en situaciones de compra**
8. En tiendas, es común usar demostrativos para señalar productos:
   - *Can I see that jacket?* → ¿Puedo ver esa chaqueta?
   - *How much are these shoes?* → ¿Cuánto cuestan estos zapatos?

POSESIVOS CON 'S EN INGLÉS

En inglés, utilizamos **el apóstrofe + s ('s)** para indicar **posesión** o **pertenencia**. Este es un concepto clave cuando queremos decir que algo pertenece a alguien o a algo. En español, diríamos *"el bolso de María"*, mientras que en inglés se dice *"Maria's bag"*.

El uso del **apóstrofe** es fundamental para evitar confusión con los plurales y para construir frases más naturales y fluidas.

Reglas Gramaticales del Posesivo con 's

1. **Para sustantivos singulares**
2. Si el sustantivo está en singular, simplemente añadimos **'s** al final.
   - *The boy's hat* → El sombrero del niño.
   - *My sister's dress* → El vestido de mi hermana.

3. **Para sustantivos plurales terminados en "s"**
4. Si el sustantivo ya está en plural y termina en **s**, solo añadimos **'** (sin una segunda "s").
   - *The students' books* → Los libros de los estudiantes.
   - *The teachers' lounge* → La sala de los profesores.

5. **Para sustantivos plurales irregulares (que no terminan en "s")**
6. Si el plural es irregular (como *children* o *men*), añadimos **'s** como si fuera singular.
   - *The children's toys* → Los juguetes de los niños.
   - *The men's shoes* → Los zapatos de los hombres.

7. **Cuando hay más de un poseedor**
8. Si dos personas poseen algo en conjunto, solo se agrega **'s** al último nombre.
   - *Carlos and Ana's house* → La casa de Carlos y Ana.

9. **Cuando cada poseedor tiene algo propio**
10. Si cada poseedor tiene algo diferente, añadimos **'s** a cada nombre.
    - *Mike's and Sarah's cars* → Los autos de Mike y Sarah (cada uno tiene su propio auto).

Ejemplos del Posesivo con 's
1. Para sustantivos singulares

1. *My brother's phone is new.* (El teléfono de mi hermano es nuevo).
2. *The dog's tail is long.* (La cola del perro es larga).
3. *This is my friend's jacket.* (Esta es la chaqueta de mi amigo).
4. *Emma's dress is very elegant.* (El vestido de Emma es muy elegante).
5. *That girl's backpack is heavy.* (La mochila de esa niña es pesada).

2. Para sustantivos plurales terminados en "s"

1. *The students' classroom is big.* (El aula de los estudiantes es grande).
2. *The boys' bikes are outside.* (Las bicicletas de los niños están afuera).
3. *The teachers' meeting starts at 3 p.m.* (La reunión de los profesores comienza a las 3 p.m.).
4. *The girls' shoes are colorful.* (Los zapatos de las niñas son coloridos).
5. *The workers' uniforms are blue.* (Los uniformes de los trabajadores son azules).

3. Para sustantivos plurales irregulares

1. *The children's toys are everywhere.* (Los juguetes de los niños están por todas partes).
2. *The women's section is on the second floor.* (La sección de mujeres está en el segundo piso).
3. *The men's restroom is on the left.* (El baño de hombres está a la izquierda).
4. *The people's choice was clear.* (La elección de la gente fue clara).
5. *The mice's tails are short.* (Las colas de los ratones son cortas).

4. Para posesión compartida

1. *Anna and Tom's wedding was beautiful.* (La boda de Anna y Tom fue hermosa).
2. *Carlos and Maria's house is very big.* (La casa de Carlos y María es muy grande).
3. *Jack and Sophie's children are polite.* (Los hijos de Jack y Sophie son educados).
4. *Luis and Fernanda's store sells clothes.* (La tienda de Luis y Fernanda vende ropa).
5. *David and Laura's party was fun.* (La fiesta de David y Laura fue divertida).

5. Para posesión individual de cada persona

1. *John's and Peter's bikes are new.* (Las bicicletas de John y Peter son nuevas, cada uno tiene la suya).
2. *Alice's and Monica's dresses are elegant.* (Los vestidos de Alice y Monica son elegantes).
3. *My father's and my mother's cars are black.* (El auto de mi padre y el de mi madre son negros).
4. *Mike's and Steve's computers are different models.* (Las computadoras de Mike y Steve son modelos diferentes).
5. *The teacher's and the student's books are on the table.* (Los libros del profesor y del estudiante están sobre la mesa).

Notas Adicionales

1. **No se usa 's con objetos inanimados**
2. En inglés, el posesivo con **'s** generalmente se usa solo para personas, animales o entidades organizadas (*company's policy* → La política de la empresa). Para objetos inanimados, se usa **"of"**:
   - Incorrecto: *The table's leg is broken.* ✗
   - Correcto: *The leg of the table is broken.* ✓
3. **No confundir con contracciones**
   - *Maria's happy today.* → María está feliz hoy. (**Contracción de "Maria is"**).
   - *Maria's dress is beautiful.* → El vestido de María es hermoso. (**Posesivo**).
4. **Se puede usar sin repetir el sustantivo**
5. Cuando el contexto es claro, podemos omitir el sustantivo y solo usar el posesivo:
   - *Is this your jacket?* → *No, it's my sister's.* (No, es de mi hermana).

VERBOS: "TO LIKE", "TO LOVE" Y "TO HATE"

Los verbos **"to like"**, **"to love"** y **"to hate"** son fundamentales para expresar gustos y preferencias en inglés. Se utilizan para hablar sobre lo que nos gusta, amamos o detestamos, ya sea en relación con actividades, comida, ropa o cualquier otro aspecto de la vida diaria.

- *I like this dress.* (Me gusta este vestido).
- *She loves shopping for new clothes.* (A ella le encanta comprar ropa nueva).
- *He hates waiting in long lines.* (Él odia esperar en filas largas).

Cada uno de estos verbos transmite un nivel diferente de intensidad:

- **"Like"** expresa un gusto moderado.
- **"Love"** indica un entusiasmo o amor fuerte por algo.
- **"Hate"** comunica una fuerte aversión o disgusto.

Reglas Gramaticales de "To Like", "To Love" y "To Hate"

1. **Estructura básica con sustantivos**
   - **Sujeto + verbo (like/love/hate) + sustantivo**
   - *I like coffee.* (Me gusta el café).
   - *She loves music.* (Ella ama la música).
   - *They hate Mondays.* (Ellos odian los lunes).
2. **Uso con verbos en infinitivo o en "-ing"**
3. Después de **"like"**, **"love"** y **"hate"**, se puede usar un verbo en forma de infinitivo (**to + verbo**) o en **gerundio (-ing)**. Ambas formas son correctas, aunque en inglés americano es más común el **infinitivo**, mientras que en inglés británico se usa más el **gerundio**.
   - *I like to go shopping / I like going shopping.* (Me gusta ir de compras).
   - *She loves to wear dresses / She loves wearing dresses.* (A ella le encanta usar vestidos).
   - *He hates to wait in line / He hates waiting in line.* (Él odia esperar en la fila).
4. **Conjugación en presente simple**
5. En tercera persona del singular (he, she, it), el verbo toma una **"s"** al final.
   - *He likes sports.* (A él le gustan los deportes).
   - *She loves traveling.* (A ella le encanta viajar).
   - *He hates loud music.* (Él odia la música fuerte).
6. **Uso con pronombres objeto (me, him, her, us, them)**
7. También se pueden usar con **pronombres objeto** para referirse a una persona específica.
   - *I like him.* (Él me cae bien).
   - *She loves them.* (Ella los quiere mucho).
   - *They hate her.* (Ellos la odian).

Ejemplos Cotidianos con "To Like"

1. *I like buying clothes online.* (Me gusta comprar ropa en línea).
2. *She likes trying on new outfits.* (A ella le gusta probarse ropa nueva).
3. *We like visiting shopping malls on weekends.* (Nos gusta visitar centros comerciales los fines de semana).
4. *He likes wearing comfortable shoes.* (A él le gusta usar zapatos cómodos).
5. *They like discounts and sales.* (A ellos les gustan los descuentos y las rebajas).

Ejemplos Cotidianos con "To Love"

1. *I love this store; it has great prices!* (¡Me encanta esta tienda, tiene excelentes precios!).
2. *She loves finding unique accessories.* (A ella le encanta encontrar accesorios únicos).
3. *We love shopping together.* (Nos encanta ir de compras juntos).
4. *He loves stylish jackets.* (A él le encantan las chaquetas elegantes).
5. *They love looking for bargains.* (A ellos les encanta buscar gangas).

Ejemplos Cotidianos con "To Hate"

1. *I hate trying on clothes in small fitting rooms.* (Odio probarme ropa en probadores pequeños).
2. *She hates waiting in long checkout lines.* (Ella odia esperar en largas filas para pagar).
3. *We hate when a store is too crowded.* (Odiamos cuando una tienda está demasiado llena de gente).
4. *He hates wearing uncomfortable shoes.* (Él odia usar zapatos incómodos).
5. *They hate spending too much money on clothes.* (Ellos odian gastar demasiado dinero en ropa).

Notas Adicionales

1. **Diferencia entre "like" y "love"**
   - *Like* expresa un gusto moderado: *I like coffee.* (Me gusta el café).
   - *Love* expresa un sentimiento más fuerte: *I love coffee!* (¡Me encanta el café!).
2. **Diferencia entre "hate" y "dislike"**
   - *Hate* expresa un rechazo fuerte: *I hate Mondays.* (Odio los lunes).
   - *Dislike* es más suave y formal: *I dislike waiting in lines.* (No me gusta esperar en filas).

FRASES ÚTILES PARA IR DE COMPRAS

Aquí tienes **20 frases comunes** que te ayudarán a comunicarte en tiendas, preguntar precios, tallas y realizar compras de manera más fluida.

Frases en Inglés y su Traducción

1. *How much does this cost?*
2. → ¿Cuánto cuesta esto?
3. *Do you have this in another size?*
4. → ¿Tienes esto en otra talla?
5. *Can I try this on?*
6. → ¿Puedo probarme esto?
7. *Where are the fitting rooms?*
8. → ¿Dónde están los probadores?
9. *I'm looking for a dress for a special occasion.*
10. → Estoy buscando un vestido para una ocasión especial.
11. *Do you have this in a different color?*
12. → ¿Tienes esto en otro color?
13. *Is there a discount on this item?*
14. → ¿Hay descuento en este artículo?
15. *Can I pay with a credit card?*
16. → ¿Puedo pagar con tarjeta de crédito?
17. *Do you accept cash only?*

18. → ¿Solo aceptan efectivo?
19. *This is too expensive for me.*
20. → Esto es demasiado caro para mí.
21. *Do you have anything cheaper?*
22. → ¿Tienes algo más barato?
23. *What's your return policy?*
24. → ¿Cuál es su política de devoluciones?
25. *I'll take it!*
26. → ¡Me lo llevo!
27. *Can I have a receipt, please?*
28. → ¿Me puede dar un recibo, por favor?
29. *Do you have this in stock?*
30. → ¿Tienen esto en inventario?
31. *Can you help me find a pair of shoes?*
32. → ¿Me puedes ayudar a encontrar un par de zapatos?
33. *I need a smaller/bigger size.*
34. → Necesito una talla más pequeña / más grande.
35. *Do you offer refunds or exchanges?*
36. → ¿Ofrecen reembolsos o cambios?
37. *Can I see that jacket, please?*
38. → ¿Puedo ver esa chaqueta, por favor?
39. *Is there a sale going on?*
40. → ¿Hay alguna oferta en este momento?

Notas Adicionales

1. **Formas educadas para pedir algo**
   - *Can I...?* → ¿Puedo...? (más informal)
   - *Could I...?* → ¿Podría...? (más formal y educado)
2. **Cómo pedir descuentos**
   - *Do you have any promotions?* → ¿Tienen alguna promoción?
   - *Is this item on sale?* → ¿Este artículo está en oferta?
3. **Cómo expresar interés o desinterés**
   - *I really like this one!* → ¡Este me gusta mucho!
   - *I'm just looking, thank you.* → Solo estoy mirando, gracias.

———

EJERCICIOS PARA PRACTICAR DEL CAPÍTULO 4

¡HORA DE PRACTICAR TU INGLÉS PARA COMPRAR CON CONFIANZA!

✎ ¡Ojo! (si estás en versión eBook) Como en el eBook no se puede escribir directamente, toma tu cuaderno favorito o una hoja suelta para apuntar tus respuestas. Así lo aprovechas al máximo y aprendes mucho más. ¡Manos a la obra!

1 **Une las prendas con su traducción en español**
Relaciona las palabras en inglés con su significado correcto en español.
Palabras en inglés:

1. Shirt
2. Jeans
3. Sweater
4. Scarf
5. Shoes
6. Jacket
7. Dress
8. Hat
9. Shorts
10. Socks

Opciones en español:
a) Vestido
b) Pantalones cortos
c) Zapatos
d) Sombrero
e) Bufanda
f) Calcetines
g) Camisa
h) Pantalones de mezclilla
i) Chaqueta
j) Suéter
   Tip: Piensa en lo que usas en el día a día y relaciónalo con las palabras en inglés.

2 **Ordena las palabras para formar frases correctas**
Coloca las palabras en el orden correcto para formar oraciones con sentido.

1. **buy / I / want / a / to / new / dress.**
2. **store / in / the / Where / fitting / is / room / ?**
3. **very / This / expensive / coat / is.**
4. **shoes / love / I / these / red.**
5. **is / too / shirt / this / tight.**
6. **cost / How / does / much / it / ?**
7. **size / have / Do / smaller / a / you / ?**

   Tip: ¡Recuerda que en preguntas siempre usamos el verbo auxiliar correcto!

3 **Traduce los colores al inglés**
Escribe los colores en inglés:

1. Rojo → ___

2. Azul → ___
3. Amarillo → ___
4. Verde → ___
5. Naranja → ___
6. Negro → ___
7. Blanco → ___
8. Marrón → ___
9. Gris → ___
10. Morado → ___

Tip: ¡Repasa los colores de tu ropa para practicar mejor!

4 Corrige las oraciones incorrectas

Cada oración tiene un error. Escríbela correctamente.

1. **This shoes is very comfortable.**
2. **Do you have this in other color?**
3. **I loves shopping for clothes.**
4. **That trousers are too long.**
5. **How many this coat cost?**
6. **She hating trying on dresses.**
7. **This are my favorite jeans.**
8. **Those jacket is on sale.**
9. **I like to buy new cloths.**
10. **Do you accept a credit cards?**

Tip: Piensa en la gramática correcta y ajusta los errores.

5 Completa con "this" o "these"

Elige la opción correcta según si el sustantivo es singular (this) o plural (these).

1. ___ dress is beautiful.
2. ___ shoes are too expensive.
3. Can I try on ___ jacket?
4. ___ jeans fit me perfectly.
5. ___ blouse is on sale.
6. Do you have ___ in a different color?
7. I like ___ boots a lot!
8. ___ shirt is very elegant.
9. Are ___ sunglasses available in black?
10. ___ sweater is too warm for summer.

Recuerda: **"This"** es singular, **"These"** es plural.

✅ **¡Listo!** Ahora pon a prueba tu inglés de compras. ¿Cuántos ejercicios lograste completar? 🏆 ¡Sigue practicando y mejorarás cada día! 🚀

RESPUESTAS DE LOS EJERCICIOS DEL CAPÍTULO 4: IR DE COMPRAS

¡Aquí están todas las respuestas!

1. Une las prendas con su traducción en español

1. **Shirt → g) Camisa**
2. **Jeans → h) Pantalones de mezclilla**
3. **Sweater → j) Suéter**
4. **Scarf → e) Bufanda**
5. **Shoes → c) Zapatos**
6. **Jacket → i) Chaqueta**
7. **Dress → a) Vestido**
8. **Hat → d) Sombrero**
9. **Shorts → b) Pantalones cortos**
10. **Socks → f) Calcetines**

✅ *¡Bien hecho! Ahora ya puedes identificar estas prendas en inglés.*

2. Ordena las palabras para formar frases correctas

1. **I want to buy a new dress.**
2. **Where is the fitting room in the store?**
3. **This coat is very expensive.**
4. **I love these red shoes.**
5. **This shirt is too tight.**
6. **How much does it cost?**
7. **Do you have a smaller size?**

¡Recuerda la estructura correcta de las oraciones en inglés!

3. Traduce los colores al inglés

1. Rojo → **Red**
2. Azul → **Blue**
3. Amarillo → **Yellow**
4. Verde → **Green**
5. Naranja → **Orange**
6. Negro → **Black**
7. Blanco → **White**
8. Marrón → **Brown**
9. Gris → **Gray (EE.UU.) / Grey (UK)**
10. Morado → **Purple**

¡Colores básicos para describir cualquier prenda!

4 **Corrige las oraciones incorrectas**

1. These shoes are very comfortable.
2. Do you have this in another color?
3. I love shopping for clothes.
4. Those trousers are too long.
5. How much does this coat cost?
6. She hates trying on dresses.
7. These are my favorite jeans.
8. That jacket is on sale.
9. I like to buy new clothes.
10. Do you accept credit cards?

¡Ahora todas las oraciones están bien escritas!

5 **Completa con "this" o "these"**

1. **This** dress is beautiful.
2. **These** shoes are too expensive.
3. Can I try on **this** jacket?
4. **These** jeans fit me perfectly.
5. **This** blouse is on sale.
6. Do you have **this** in a different color?
7. I like **these** boots a lot!
8. **This** shirt is very elegant.
9. Are **these** sunglasses available in black?
10. **This** sweater is too warm for summer.

"This" es singular, "These" es plural. ¡Buena memoria!

¡Felicidades! ¿Cuántas respuestas acertaste? Sigue practicando y pronto hablarás inglés con confianza en cualquier tienda.

AUDIOLIBRO DE PRONUNCIACIÓN BOOK 1 - CHAPTER 4

Usa estos audios a tu favor. **Escucha, repite, imita la pronunciación y pierde el miedo a hablar**. Cuanto más te expongas al inglés, más rápido mejorarás. ¡Tu inglés fluido está a solo unos clics de distancia! 🚀

BOOK 1 - CHAPTER 4

CAPÍTULO 5
¡HABLA DE ALIMENTOS COMO UN NATIVO!

COMIDA Y COMER

La comida no es solo una necesidad, ¡es una experiencia que compartimos con los demás! Desde pedir tu café matutino hasta disfrutar de una cena con amigos, saber hablar sobre comida en inglés te abrirá muchas puertas en cualquier parte del mundo.

En este capítulo, te sumergirás en el **vocabulario esencial** para hablar de alimentos, comidas del día y hábitos alimenticios. Aprenderás a **ordenar comida en un restaurante como un experto**, preguntar por ingredientes, expresar tus preferencias y hasta **seguir recetas en inglés** sin complicaciones. También exploraremos expresiones clave para describir **sabores, texturas y cantidades** de manera natural.

¿Listo para dominar el inglés mientras hablas de uno de los mayores placeres de la vida? Prepárate para aprender de una forma práctica, divertida y útil. ¡Tu próxima conversación sobre comida en inglés empieza aquí!

FRASES ÚTILES EN UN RESTAURANTE

Aquí tienes **20 frases esenciales** que te ayudarán a comunicarte en un restaurante, desde pedir una mesa hasta pagar la cuenta.

Frase en Inglés	Pronunciación (aprox. para hispanohablantes)	Traducción al Español
I would like to make a reservation.	/ai wud laik tu meik a re-ser-véi-shon/	Me gustaría hacer una reserva.
Do you have a table for two?	/du yu jav a téi-bl for tu?/	¿Tienen una mesa para dos?
Can I see the menu, please?	/kan ai sí de mé-niu, plís?/	¿Puedo ver el menú, por favor?
What do you recommend?	/wot du yu re-ko-ménd?/	¿Qué recomienda?
What are today's specials?	/wot ar tu-déiz spé-shals?/	¿Cuáles son los platos especiales de hoy?
I'll have the steak, please.	/ail jav de steik, plís?/	Tomaré el bistec, por favor.
Could you bring me some water?	/kud yu bring mi som uó-ter?/	¿Podría traerme agua?
Is this dish spicy?	/is dis dish spái-si?/	¿Este plato es picante?
Can I have this without onions?	/kan ai jav dis ui-dáut ó-ni-ons?/	¿Puedo pedir esto sin cebolla?
I have a food allergy to nuts.	/ai jav a fud á-ler-y tu nats/	Tengo alergia a los frutos secos.
Could I get the check, please?	/kud ai get de chek, plís?/	¿Podría traerme la cuenta, por favor?
Do you accept credit cards?	/du yu ak-sépt kré-dit kards?/	¿Aceptan tarjetas de crédito?
Can I pay in cash?	/kan ai pei in kash?/	¿Puedo pagar en efectivo?
Can I get a receipt, please?	/kan ai get a ri-sít, plís?/	¿Me puede dar un recibo, por favor?
Do you have vegetarian options?	/du yu jav ve-ye-té-ri-an óp-shons?/	¿Tienen opciones vegetarianas?
This is delicious!	/dis is de-lí-shos!/	¡Esto está delicioso!
Could I have a doggy bag, please?	/kud ai jav a dó-gi bag, plís?/	¿Podría darme un recipiente para llevar?
I would like a coffee with milk.	/ai wud laik a ká-fi uid milk/	Me gustaría un café con leche.
Can I get some extra napkins?	/kan ai get som ék-stra náp-kins?/	¿Podría darme servilletas extra?
I'm ready to order.	/aim ré-di tu ór-der/	Estoy listo para ordenar.

Notas sobre la pronunciación:

- **Would** → **"wud"**, sin pronunciar la "l".
- **Steak** → **"steik"**, suena como "steik" y no "estik".
- **Vegetarian** → **"ve-ye-té-ri-an"**, con una "y" suave.
- **Receipt** → **"ri-sít"**, la "p" no se pronuncia.

- **Water** → **"uó-ter"**, con sonido más claro para hispanohablantes.

Notas Adicionales

1. **Cómo pedir comida de manera educada**
   - *Can I have...?* → Más informal
   - *I would like...* → Más educado y formal
2. **Cómo preguntar por ingredientes o alergias**
   - *Does this have nuts?* → ¿Esto tiene frutos secos?
   - *I can't eat gluten.* → No puedo comer gluten.
3. **Cómo pedir la cuenta y pagar**
   - *Could I get the check, please?* → ¿Me trae la cuenta, por favor?
   - *Is the tip included?* → ¿Está incluida la propina?

VOCABULARIO DE COMIDA Y OBJETOS EN LA MESA

Aquí tienes **30 palabras esenciales** para hablar sobre comidas y objetos que se encuentran en la mesa. Este vocabulario te ayudará a comunicarte en situaciones cotidianas, como pedir comida en un restaurante o preparar una comida en casa.

Palabra en Inglés	Pronunciación (aprox. para hispanohablantes)	Traducción al Español
Breakfast	/brék-fast/	Desayuno
Lunch	/lónch/	Almuerzo
Dinner	/dí-ner/	Cena
Snack	/s-nak/	Merienda
Appetizer	/á-pe-tai-zer/	Entrada / Aperitivo
Dessert	/di-sért/	Postre
Fork	/fork/	Tenedor
Knife	/naif/	Cuchillo
Spoon	/spún/	Cuchara
Plate	/pleit/	Plato
Bowl	/bóul/	Tazón
Cup	/kap/	Taza
Glass	/glas/	Vaso
Napkin	/náp-kin/	Servilleta
Straw	/stró/	Pajilla / Popote
Table	/téi-bl/	Mesa
Chair	/cher/	Silla

Tablecloth	/téi-bl-kloth/	Mantel
Menu	/mé-niu/	Menú
Waiter	/uéi-ter/	Mesero
Waitress	/uéi-tres/	Mesera
Bill (UK) / Check (US)	/bil/ - /chek/	Cuenta
Tip	/tip/	Propina
Salt shaker	/sólt shéi-ker/	Salero
Pepper shaker	/pé-per shéi-ker/	Pimentero
Bottle	/bó-tl/	Botella
Bread basket	/bred bás-ket/	Cesta de pan
Tray	/trei/	Bandeja
Pitcher	/pí-cher/	Jarra
Serving dish	/sér-ving dish/	Fuente para servir

Notas sobre la pronunciación:

- **Knife** → **"naif"**, la *k* es muda.
- **Dessert** → **"di-sért"**, diferente a "desert" (desierto).
- **Spoon** → **"spún"**, con una "u" larga.
- **Bottle** → **"bó-tl"**, sin pronunciar la "e" final.
- **Pitcher** → **"pí-cher"**, la "t" suena como "ch".

Notas Adicionales

1. **Comidas del día**
   - *Breakfast* (desayuno) → Primera comida del día.
   - *Lunch* (almuerzo) → Comida del mediodía.
   - *Dinner* (cena) → Comida principal de la noche.
   - *Snack* (merienda) → Algo ligero entre comidas.
2. **Diferencia entre "bill" y "check"**
   - En **Reino Unido** se dice *bill* para referirse a la cuenta en un restaurante.
   - En **Estados Unidos** se usa *check*.
3. **Objetos esenciales en la mesa**
   - *Plate, fork, knife, spoon* → Plato, tenedor, cuchillo y cuchara.
   - *Napkin* (servilleta) es clave cuando comes.
   - *Pitcher* es una jarra grande para bebidas.

Vocabulario de Comidas en Inglés

Aquí tienes una lista de **30 palabras esenciales** para hablar sobre comidas en general. Estas palabras te ayudarán a identificar los alimentos más comunes y a desenvolverte mejor en un restaurante o supermercado.

Palabra en Inglés	Pronunciación (aprox. para hispanohablantes)	Traducción al Español
Bread	/bred/	Pan
Rice	/rais/	Arroz
Pasta	/pás-ta/	Pasta
Chicken	/chí-ken/	Pollo
Beef	/bif/	Carne de res
Pork	/pork/	Cerdo
Fish	/fish/	Pescado
Shrimp	/shrimp/	Camarón
Eggs	/egz/	Huevos
Cheese	/chís/	Queso
Milk	/milk/	Leche
Butter	/bá-ter/	Mantequilla
Yogurt	/yó-gurt/	Yogur
Cereal	/sí-ri-al/	Cereal
Salad	/sá-lad/	Ensalada
Tomato	/to-méi-to (EE.UU.) / to-má-to (UK)/	Tomate
Onion	/ó-ni-on/	Cebolla
Potato	/po-téi-to/	Papa / Patata
Carrot	/ká-rot/	Zanahoria
Apple	/á-pl/	Manzana
Banana	/ba-ná-na/	Plátano / Banana
Orange	/ó-ranch/	Naranja
Strawberry	/stró-be-ri/	Fresa / Frutilla
Watermelon	/wó-ter-mé-lon/	Sandía
Grapes	/greips/	Uvas
Coffee	/ká-fi/	Café
Tea	/ti/	Té
Juice	/yus/	Jugo
Sugar	/shú-gar/	Azúcar
Ice cream	/áis krim/	Helado

Notas sobre la pronunciación:

- **Rice** → **"rais"**, como "raíz" pero sin acento.
- **Cheese** → **"chís"**, similar a "chis" en español.
- **Butter** → **"bá-ter"**, la "tt" suena como "r" suave.
- **Orange** → **"ó-ranch"**, suena como "naranja" pero sin "a" final.
- **Tomato** → **"to-méi-to" (EE.UU.) / "to-má-to" (UK)**, con dos variantes aceptadas.

- **Juice** → **"yus"**, la "j" suena como "y".

Notas Adicionales

1. **Diferencias de pronunciación entre EE.UU. y Reino Unido**
   - *Tomato* se pronuncia **təˈmeɪ.toʊ** en EE.UU. y **təˈmɑː.təʊ** en el Reino Unido.
   - *Coffee* en EE.UU. suena más como **ˈkɔː.fi**, mientras que en el Reino Unido es **ˈkɒ.fi**.
2. **Vocabulario útil para diferentes comidas**
   - *Breakfast* (desayuno) → Puede incluir *cereal, eggs, toast, coffee*.
   - *Lunch* (almuerzo) → Suele incluir *salad, soup, sandwich*.
   - *Dinner* (cena) → Puede incluir *steak, rice, pasta, vegetables*.
3. **Comida típica y variada**
4. Esta lista incluye **panes, carnes, lácteos, frutas, verduras y postres**, cubriendo una variedad de palabras esenciales para hablar sobre comida.

VOCABULARIO ÚTIL PARA SEGUIR UNA RECETA

Si quieres cocinar algo siguiendo una receta en inglés, necesitas conocer ciertos términos clave. Aquí tienes **25 palabras esenciales** que te ayudarán a entender y preparar cualquier platillo sin problemas. ¡Así que ponte el delantal y manos a la obra!

Palabra en Inglés	Pronunciación (aprox. para hispanohablantes)	Traducción al Español
Recipe	/ré-si-pi/	Receta
Ingredient	/in-grí-di-ent/	Ingrediente
Bowl	/bóul/	Tazón
Pan	/pan/	Sartén
Pot	/pot/	Olla
Oven	/ó-ven/	Horno
Stove	/stóv/	Estufa
Mixer	/míx-er/	Batidora
Spoon	/spún/	Cuchara
Fork	/fork/	Tenedor
Knife	/naif/	Cuchillo
Cutting board	/ká-ting bord/	Tabla de cortar
Whisk	/uísk/	Batidor de mano
Cup	/kap/	Taza de medir
Tablespoon	/téi-bl-spún/	Cucharada
Teaspoon	/tí-spún/	Cucharadita
Pinch	/pinch/	Pizca

To chop	/chop/	Picar
To mix	/miks/	Mezclar
To bake	/beik/	Hornear
To stir	/stir/	Revolver
To fry	/frai/	Freír
To boil	/boil/	Hervir
To blend	/blend/	Licuar
To serve	/serv/	Servir

Notas sobre la pronunciación:

- **Recipe** → "ré-si-pi", la "e" final no suena.
- **Knife** → "naif", la *k* es muda.
- **Whisk** → "uísk", suena como "huesc" en español.
- **Bowl** → "bóul", con una "o" más cerrada.
- **Bake** → "beik", similar a "bake" en español, pero sin la "e" al final.

Notas Divertidas para Recordar

1. **¿Qué demonios es una "pinch" en inglés?**
   - ¡No te preocupes! *A pinch* (una pizca) es como cuando agarras un poquito de sal con los dedos.
2. **Diferencia entre "bake" y "boil"**
   - *Bake* → Se usa para el horno, como en *bake a cake* (hornear un pastel).
   - *Boil* → Es cuando el agua está burbujeando y echas la pasta.
3. **¿Es lo mismo "stir" y "mix"?**
   - *Stir* → Revolver con una cuchara, como cuando disuelves azúcar en café.
   - *Mix* → Mezclar cosas hasta que se conviertan en una sola, como cuando haces masa para galletas.

Ejemplo de una Mini Receta en Inglés
Chocolate Chip Cookies 🍪

1. **Mix** the butter, sugar, and eggs in a **bowl**.
2. **Add** a **pinch** of salt and **stir** well.
3. **Chop** some chocolate and **blend** it into the mix.
4. **Bake** in the **oven** at 180°C for 12 minutes.
5. **Serve** with a glass of milk and enjoy!

Gustos: Adjetivos para Describir Comida

Ya hemos aprendido a decir si nos gusta (*to like*), nos encanta (*to love*) o detestamos (*to hate*) algo. Ahora, veamos **20 adjetivos** que nos ayudarán a expresar **cómo** sentimos el sabor, la textura o el aroma de la comida.

Vocabulario de Adjetivos para Describir Comida

Palabra en Inglés	Pronunciación (aprox. para hispanohablantes)	Traducción al Español
Delicious	/de-lí-shos/	Delicioso
Tasty	/téi-sti/	Sabroso
Sweet	/suít/	Dulce
Salty	/sól-ti/	Salado
Spicy	/spái-si/	Picante
Sour	/sáu-er/	Ácido
Bitter	/bí-ter/	Amargo
Fresh	/fresh/	Fresco
Juicy	/yú-si/	Jugoso
Creamy	/krí-mi/	Cremoso
Crispy	/krís-pi/	Crujiente
Crunchy	/krán-chi/	Crujiente (más duro)
Soft	/soft/	Suave
Dry	/drai/	Seco
Greasy	/grí-si/	Aceitoso / Grasoso
Heavy	/jé-vi/	Pesado
Light	/lait/	Ligero
Bland	/bland/	Insípido / Soso
Oily	/ói-li/	Aceitoso
Burnt	/bernt/	Quemado

Notas sobre la pronunciación:

- **Delicious** → **"de-lí-shos"**, suena como en español pero con "sh".
- **Spicy** → **"spái-si"**, la "c" suena como "s".
- **Sour** → **"sáu-er"**, con una "a" marcada.
- **Greasy** → **"grí-si"**, la "ea" suena como "i".
- **Burnt** → **"bernt"**, la "u" es más cerrada.

Ejemplos de Conversaciones con Adjetivos de Comida

Conversación 1

A: Do you like sushi? (*¿Te gusta el sushi?*)

B: Yes, I love it! It's so fresh and delicious. (*¡Sí, me encanta! Es tan fresco y delicioso.*)

Conversación 2

A: How's your burger? (*¿Cómo está tu hamburguesa?*)

B: It's a bit greasy, but I like it! (*Está un poco grasosa, ¡pero me gusta!*)

Conversación 3

A: Try this orange juice! (*¡Prueba este jugo de naranja!*)

B: Wow! It's really sour! (*¡Wow! ¡Está muy ácido!*)

Conversación 4

A: Do you like spicy food? (*¿Te gusta la comida picante?*)

B: Not really, I hate spicy food! (*No mucho, ¡odio la comida picante!*)

🍪 **Conversación 5**

A: These cookies are so crunchy! (*¡Estas galletas son tan crujientes!*)

B: Yeah, but I prefer soft cookies. (*Sí, pero prefiero las galletas suaves.*)

🍕 **Conversación 6**

A: This pizza is so salty! (*¡Esta pizza está muy salada!*)

B: Maybe they added too much cheese. (*Tal vez le pusieron demasiado queso.*)

🍪 **Conversación 7**

A: I love this salad! (*¡Me encanta esta ensalada!*)

B: Yeah, it's fresh and tasty! (*Sí, está fresca y sabrosa!*)

🍽 **Conversación 8**

A: How's the bread? (*¿Cómo está el pan?*)

B: It's a little dry, but it's good with butter. (*Está un poco seco, pero es bueno con mantequilla.*)

🍰 **Conversación 9**

A: This cake is so creamy! (*¡Este pastel es tan cremoso!*)

B: I know! I love creamy desserts. (*¡Lo sé! Me encantan los postres cremosos.*)

🍗 **Conversación 10**

A: Do you like fried chicken? (*¿Te gusta el pollo frito?*)

B: Yes, but I prefer it crispy, not too oily. (*Sí, pero lo prefiero crujiente, no muy aceitoso.*)

Notas Adicionales

1. **Diferencia entre "crispy" y "crunchy"**
   - *Crispy* → Algo crujiente pero ligero, como papas fritas o piel de pollo.
   - *Crunchy* → Algo más duro y firme, como zanahorias o nueces.
2. **Evita confundir "salty" con "spicy"**
   - *Salty* → Cuando la comida tiene mucha sal.
   - *Spicy* → Cuando la comida es picante.
3. **Cómo hacer combinaciones con estos adjetivos**
   - *I love creamy and sweet desserts.* (Me encantan los postres cremosos y dulces).
   - *This steak is juicy and delicious!* (¡Este bistec está jugoso y delicioso!).

COMPARATIVOS Y SUPERLATIVOS: EXPRESANDO DIFERENCIAS EN LA COMIDA

Cuando hablamos de comida (o de cualquier cosa en general), muchas veces queremos comparar sabores, texturas o tamaños. Para hacer esto en inglés, usamos los **comparativos** y **superlativos**.

Los **comparativos** nos ayudan a decir que una cosa es **más o menos** que otra.

- *This pizza is spicier than that one.* (Esta pizza es más picante que esa).
- *This cake is less sweet than the one I made.* (Este pastel es menos dulce que el que hice).

Los **superlativos** se usan para hablar de algo que es el **más o el menos** dentro de un grupo.

- *This is the most delicious ice cream I've ever had!* (¡Este es el helado más delicioso que he probado!).
- *That soup is the least tasty dish on the menu.* (Esa sopa es el plato menos sabroso del menú).

En este apartado, aprenderemos cómo formar comparativos y superlativos correctamente y cómo usarlos para describir la comida de manera natural y divertida. ¡Vamos a ello!

Comparativos de Superioridad en Inglés

Los **comparativos de superioridad** se usan para comparar **dos cosas** y decir que una es más que la otra. En español, los expresamos con "más... que", mientras que en inglés los formamos agregando **"-er"** a los adjetivos cortos o usando **"more"** con los adjetivos largos.

Reglas Gramaticales de los Comparativos de Superioridad
  1 Adjetivos cortos (de una sola sílaba o terminados en -y)

- Se les añade **"-er"** al final.
- Si terminan en **"-y"**, la "y" cambia a "i" antes de agregar "-er".
- Si terminan en **CVC** (consonante-vocal-consonante), se duplica la última consonante.

Ejemplos:

- *This steak is **tastier** than the chicken.* (Este bistec es más sabroso que el pollo).
- *French fries are **hotter** than salad.* (Las papas fritas son más calientes que la ensalada).

  2 Adjetivos largos (dos o más sílabas)

- Se usa **"more"** + **adjetivo** en lugar de "-er".

Ejemplos:

- *This dish is **more delicious** than that one.* (Este plato es más delicioso que ese).
- *Vegetables are **more nutritious** than fast food.* (Las verduras son más nutritivas que la comida rápida).

  3 Adjetivos irregulares
Algunos adjetivos no siguen las reglas anteriores y tienen formas irregulares.
Ejemplos:

- *This coffee is **better** than the one I had yesterday.* (Este café es mejor que el que tomé ayer).
- *Fast food is **worse** than homemade food.* (La comida rápida es peor que la comida casera).

Cuadro de Comparativos de Superioridad

Adjetivo Base	Comparativo	Ejemplo
Hot (caliente)	Hotter	*This soup is hotter than that one.* (Esta sopa está más caliente que esa).
Sweet (dulce)	Sweeter	*Chocolate is sweeter than coffee.* (El chocolate es más dulce que el café).
Tasty (sabroso)	Tastier	*This pizza is tastier than that one.* (Esta pizza es más sabrosa que esa).
Spicy (picante)	Spicier	*Mexican food is spicier than Italian food.* (La comida mexicana es más picante que la italiana).
Expensive (caro)	More expensive	*Seafood is more expensive than chicken.* (Los mariscos son más caros que el pollo).
Delicious (delicioso)	More delicious	*This cake is more delicious than the other one.* (Este pastel es más delicioso que el otro).
Nutritious (nutritivo)	More nutritious	*Vegetables are more nutritious than chips.* (Las verduras son más nutritivas que las papas fritas).
Good (bueno)	Better	*This coffee is better than the one I had before.* (Este café es mejor que el que tomé antes).
Bad (malo)	Worse	*Fast food is worse than homemade food.* (La comida rápida es peor que la comida casera).

Notas Adicionales
¿Cómo hacer una comparación correcta?
Siempre usamos la estructura:
Sujeto + verbo + adjetivo comparativo + "than" + el otro elemento de la comparación.
Ejemplos:
☑ *This juice is fresher than the one in the fridge.* (Este jugo está más fresco que el de la nevera).
☑ *Ice cream is colder than cake.* (El helado está más frío que el pastel).
🚫 No es correcto decir: *This juice is more fresher than that one.* ✖ (incorrecto porque "fresher" ya es comparativo).

COMPARATIVOS DE INFERIORIDAD EN INGLÉS

Los **comparativos de inferioridad** se usan para indicar que algo es **menos que** otra cosa. En español, solemos decir "menos… que", y en inglés utilizamos la estructura **"less + adjetivo + than"**.

Por ejemplo:

- *This soup is **less spicy** than the one I had yesterday.* (Esta sopa es menos picante que la que comí ayer).
- *Fast food is **less healthy** than homemade food.* (La comida rápida es menos saludable que la comida casera).

Reglas Gramaticales de los Comparativos de Inferioridad
🔲 **Se usa "less" + adjetivo**

- La fórmula para cualquier adjetivo es:

- **Sujeto + verbo + less + adjetivo + than + otro elemento de la comparación.**
- *This salad is **less tasty** than the burger.* (Esta ensalada es menos sabrosa que la hamburguesa).

2 Funciona con cualquier tipo de adjetivo

- No importa si el adjetivo es corto o largo, siempre se usa **"less"** (a diferencia de los comparativos de superioridad, que cambian según la cantidad de sílabas).
- *This coffee is **less sweet** than tea.* (Este café es menos dulce que el té).

3 No hay formas irregulares

- A diferencia de los comparativos de superioridad (good → better, bad → worse), aquí todos los adjetivos siguen la misma regla con **"less"**.

Cuadro de Comparativos de Inferioridad

Adjetivo Base	Comparativo	Ejemplo
Sweet (dulce)	Less sweet	*This juice is less sweet than soda.* (Este jugo es menos dulce que la soda).
Salty (salado)	Less salty	*These fries are less salty than the others.* (Estas papas fritas son menos saladas que las otras).
Spicy (picante)	Less spicy	*Italian food is less spicy than Mexican food.* (La comida italiana es menos picante que la mexicana).
Tasty (sabroso)	Less tasty	*This soup is less tasty than the one my mom makes.* (Esta sopa es menos sabrosa que la que hace mi mamá).
Expensive (caro)	Less expensive	*Vegetables are less expensive than seafood.* (Las verduras son menos caras que los mariscos).
Healthy (saludable)	Less healthy	*Fast food is less healthy than homemade food.* (La comida rápida es menos saludable que la comida casera).
Nutritious (nutritivo)	Less nutritious	*Chips are less nutritious than vegetables.* (Las papas fritas son menos nutritivas que las verduras).
Fresh (fresco)	Less fresh	*This bread is less fresh than the one from the bakery.* (Este pan está menos fresco que el de la panadería).
Crunchy (crujiente)	Less crunchy	*These cookies are less crunchy than the ones I baked.* (Estas galletas son menos crujientes que las que horneé).
Creamy (cremoso)	Less creamy	*This soup is less creamy than the one from the restaurant.* (Esta sopa es menos cremosa que la del restaurante).

Notas Adicionales

¿Cómo hacer una comparación correcta?

Siempre usamos la estructura:

Sujeto + verbo + less + adjetivo + than + otro elemento de la comparación.

Ejemplos:

☑ *This dish is less expensive than that one.* (Este plato es menos caro que ese).

☑ *Homemade meals are less greasy than fast food.* (Las comidas caseras son menos grasosas que la comida rápida).

🚫 No es correcto decir: *This soup is less tastier than the other one.* ✖ (incorrecto porque "tastier" es un comparativo de superioridad, no se combina con "less").

COMPARATIVOS DE IGUALDAD EN INGLÉS

Los **comparativos de igualdad** se usan para decir que dos cosas son **iguales en alguna característica**. En español, usamos "tan… como", y en inglés utilizamos la estructura **"as + adjetivo + as"**.

Por ejemplo:

- *This cake is **as sweet as** the one my grandma makes.* (Este pastel es tan dulce como el que hace mi abuela).
- *This pizza is **as delicious as** the one we ate last week.* (Esta pizza es tan deliciosa como la que comimos la semana pasada).

También se pueden usar para hablar de **desigualdad** con **"not as + adjetivo + as"**, lo que significa "no tan… como".

- *This soup is **not as spicy as** I expected.* (Esta sopa no es tan picante como esperaba).

Reglas Gramaticales de los Comparativos de Igualdad
1 Para expresar igualdad

- Se usa la fórmula:
- **Sujeto + verbo + as + adjetivo + as + segundo elemento de la comparación.**
- Ejemplo:
  - *This coffee is **as strong as** espresso.* (Este café es tan fuerte como el espresso).

2 Para expresar desigualdad

- Se usa la misma estructura, pero con **"not as"**.
- Ejemplo:
  - *This tea is **not as hot as** the one I had before.* (Este té no está tan caliente como el que tomé antes).

3 Funciona con todos los adjetivos

- No importa si el adjetivo es corto o largo, siempre se usa la misma fórmula con **"as + adjetivo + as"**.
- Ejemplo:
  - *This dish is **as nutritious as** a salad.* (Este plato es tan nutritivo como una ensalada).

Cuadro de Comparativos de Igualdad

Adjetivo Base	Comparativo de Igualdad	Ejemplo
Sweet (dulce)	As sweet as	*This cake is as sweet as chocolate.* (Este pastel es tan dulce como el chocolate).
Salty (salado)	As salty as	*These chips are as salty as popcorn.* (Estas papas son tan saladas como las palomitas).
Spicy (picante)	As spicy as	*Mexican food is as spicy as Indian food.* (La comida mexicana es tan picante como la india).
Tasty (sabroso)	As tasty as	*This burger is as tasty as the one in that restaurant.* (Esta hamburguesa es tan sabrosa como la del restaurante).
Expensive (caro)	As expensive as	*This meal is as expensive as a steak dinner.* (Esta comida es tan cara como una cena de carne).
Healthy (saludable)	As healthy as	*Fruit is as healthy as vegetables.* (La fruta es tan saludable como las verduras).
Nutritious (nutritivo)	As nutritious as	*Smoothies are as nutritious as fresh fruit.* (Los batidos son tan nutritivos como la fruta fresca).
Fresh (fresco)	As fresh as	*This juice is as fresh as homemade lemonade.* (Este jugo es tan fresco como la limonada casera).
Crunchy (crujiente)	As crunchy as	*These crackers are as crunchy as chips.* (Estas galletas son tan crujientes como las papas fritas).
Creamy (cremoso)	As creamy as	*This ice cream is as creamy as the one from the shop.* (Este helado es tan cremoso como el de la tienda).

Notas Adicionales

¿Cómo hacer una comparación correcta?

Siempre usamos la estructura:

☑ **Sujeto + verbo + as + adjetivo + as + segundo elemento.**

Ejemplos correctos:

☑ *This coffee is* **as strong as** *the one in the café.* (Este café es tan fuerte como el del café).

☑ *My homemade pizza is* **as delicious as** *a restaurant pizza.* (Mi pizza casera es tan deliciosa como la de un restaurante).

☑ *These fries are* **not as crispy as** *I expected.* (Estas papas fritas no son tan crujientes como esperaba).

🚫 No es correcto decir: *This soup is as more spicy as the other one.*

SUPERLATIVOS EN INGLÉS

Los **superlativos** se usan cuando queremos hablar de **lo máximo** dentro de un grupo, es decir, cuando algo es el más, el menos, el mejor o el peor. En español, solemos decir "el más... de" o "el menos... de", mientras que en inglés usamos **"-est"** para los adjetivos cortos y **"the most"** para los adjetivos largos.

Por ejemplo:

- *This is* **the spiciest** *dish on the menu!* (¡Este es el plato más picante del menú!).
- *That restaurant has* **the most delicious** *desserts.* (Ese restaurante tiene los postres más deliciosos).

Reglas Gramaticales de los Superlativos

1 Adjetivos cortos (de una sola sílaba o terminados en -y)

- Se les añade **"-est"** al final.
- Si terminan en **"-y"**, la "y" cambia a "i" antes de agregar "-est".
- Si terminan en **CVC** (consonante-vocal-consonante), se duplica la última consonante.

Ejemplos:

- *This soup is **the hottest** one here.* (Esta sopa es la más caliente aquí).
- *That's **the tastiest** cake I've ever eaten!* (¡Ese es el pastel más sabroso que he comido!).

2 Adjetivos largos (dos o más sílabas)

- Se usa **"the most"** + **adjetivo** en lugar de "-est".

Ejemplos:

- *This is **the most expensive** restaurant in town.* (Este es el restaurante más caro de la ciudad).
- *That was **the most delicious** meal I've ever had!* (¡Esa fue la comida más deliciosa que he probado!).

3 Adjetivos irregulares
Algunos adjetivos no siguen las reglas anteriores y tienen formas irregulares.
Ejemplos:

- *This is **the best** coffee in the city!* (¡Este es el mejor café de la ciudad!).
- *That was **the worst** pizza I've ever had.* (Esa fue la peor pizza que he comido).

Cuadro de Superlativos

Adjetivo Base	Superlativo	Ejemplo
Hot (caliente)	The hottest	*This soup is the hottest one on the menu.* (Esta sopa es la más caliente del menú).
Sweet (dulce)	The sweetest	*This cake is the sweetest I've ever tried.* (Este pastel es el más dulce que he probado).
Tasty (sabroso)	The tastiest	*This dish is the tastiest in the restaurant.* (Este plato es el más sabroso del restaurante).
Spicy (picante)	The spiciest	*This salsa is the spiciest of all.* (Esta salsa es la más picante de todas).
Expensive (caro)	The most expensive	*That's the most expensive wine on the list.* (Ese es el vino más caro de la lista).
Delicious (delicioso)	The most delicious	*This is the most delicious cake ever!* (¡Este es el pastel más delicioso de todos!).
Nutritious (nutritivo)	The most nutritious	*Salads are the most nutritious option.* (Las ensaladas son la opción más nutritiva).
Good (bueno)	The best	*This is the best coffee in town!* (¡Este es el mejor café de la ciudad!).
Bad (malo)	The worst	*That was the worst burger I've had.* (Esa fue la peor hamburguesa que he comido).
Fresh (fresco)	The freshest	*This juice is the freshest.* (Este jugo es el más fresco).

Notas Adicionales

¿Cómo hacer una comparación superlativa correcta?

Siempre usamos la estructura:

☑ **Sujeto + verbo + "the" + adjetivo superlativo + complemento.**

Ejemplos correctos:

☑ *This restaurant has **the most delicious** pasta in town.* (Este restaurante tiene la pasta más deliciosa de la ciudad).

☑ *That is **the best** dessert I've ever eaten!* (¡Ese es el mejor postre que he comido!).

☑ *This is **the least expensive** meal on the menu.* (Esta es la comida menos cara del menú).

🚫 No es correcto decir: *This is the more delicious cake.* ✖ (Incorrecto porque "delicious" es un adjetivo largo y necesita "the most").

VERBOS RELACIONADOS CON LA COMIDA EN PRESENTE CONTINUO

Cuando hablamos de comida y de lo que estamos haciendo en este momento, usamos el **presente continuo**. Este tiempo verbal se forma con **"to be" + verbo en "-ing"**. Vamos a ver algunos verbos esenciales en este contexto.

Verbos Clave sobre Comer y su Uso en Presente Continuo

◆ **To eat** (comer) → Lo usamos cuando hablamos de ingerir comida.

- *I am eating a sandwich.* (Estoy comiendo un sándwich).

◆ **To be** (ser/estar) → Se usa para describir estados de comida o de una persona en relación con la comida.

- *The soup is getting cold.* (La sopa se está enfriando).

◆ **To have** (tener / tomar) → Se usa en inglés para decir que "estamos tomando" una comida.

- *We are having lunch.* (Estamos almorzando).

◆ **To cook** (cocinar) → Muy útil para describir lo que estamos preparando.

- *She is cooking pasta for dinner.* (Ella está cocinando pasta para la cena).

◆ **To drink** (beber) → Para hablar de lo que estamos bebiendo en el momento.

- *They are drinking fresh juice.* (Ellos están bebiendo jugo fresco).

Conjugación en Presente Continuo

Sujeto	To eat (comer)	To be (ser/estar)	To have (tener/tomar)	To cook (cocinar)	To drink (beber)
I	I am eating	I am being	I am having	I am cooking	I am drinking
We	We are eating	We are being	We are having	We are cooking	We are drinking
You	You are eating	You are being	You are having	You are cooking	You are drinking
They	They are eating	They are being	They are having	They are cooking	They are drinking
He	He is eating	He is being	He is having	He is cooking	He is drinking
She	She is eating	She is being	She is having	She is cooking	She is drinking
It	It is eating	It is being	It is having	It is cooking	It is drinking

Ejemplos Prácticos con los Verbos en Presente Continuo

1. *I am eating a delicious burger right now.* (Estoy comiendo una hamburguesa deliciosa ahora mismo).
2. *She is having dinner with her family.* (Ella está cenando con su familia).
3. *We are drinking fresh orange juice.* (Estamos bebiendo jugo de naranja fresco).
4. *He is cooking a new recipe for lunch.* (Él está cocinando una nueva receta para el almuerzo).
5. *They are eating sushi at a Japanese restaurant.* (Ellos están comiendo sushi en un restaurante japonés).
6. *You are being very patient while waiting for your food.* (Estás siendo muy paciente mientras esperas tu comida).
7. *The soup is getting cold, let's eat!* (La sopa se está enfriando, ¡comamos!).

Notas Adicionales

Diferencia entre "to have" y "to eat"

- *I am eating lunch* ☑ → Se enfoca en el acto de comer.
- *I am having lunch* ☑ → Es más general, se refiere a la acción de estar en el almuerzo, puede incluir conversación, descanso, etc.

Uso de "to be" en presente continuo

- No se usa para decir *"I am being hungry"*. ✖
- Se dice *"I am hungry"*, porque "hambre" es un estado y no una acción en progreso.

———

EJERCICIOS PARA PRACTICAR DEL CAPÍTULO 5

✎ ¡Ojo! (si estás en versión eBook) Como en el eBook no se puede escribir directamente, toma tu cuaderno favorito o una hoja suelta para apuntar tus respuestas. Así lo aprovechas al máximo y aprendes mucho más. ¡Manos a la obra!

1. Ordena las palabras para formar oraciones con sentido
Reorganiza las palabras para formar oraciones correctamente estructuradas.

1. dinner / They / in / restaurant / are / a / having.
2. is / The / most / delicious / this / dessert / on / menu / the.
3. cooking / He / pasta / lunch / for / is.
4. drink / orange / I / juice / every / morning / fresh.
5. spicy / This / food / than / Mexican / Indian / is / more.

2. Une cada palabra con su traducción correcta
Relaciona la palabra en inglés con su equivalente en español.

Palabra en inglés	Traducción en español
Bowl	___
Napkin	___
Frying pan	___
Spoon	___
Dessert	___
Appetizer	___
Oven	___

3. Clasifica los alimentos entre desayuno y almuerzo/cena
Ubica cada alimento en la columna correcta.
Lista de alimentos:

Scrambled eggs, Steak, Pancakes, Salad, Toast, Grilled chicken, Oatmeal, Pasta, Fruit smoothie, Soup

Desayuno	Almuerzo/Cena
——	——
——	——
——	——
——	——
——	——

4. Completa las siguientes oraciones con la conjugación correcta del verbo entre paréntesis

Usa la forma adecuada del verbo en **presente continuo**.

1. I ___ (have) breakfast with my family right now.
2. She ___ (cook) spaghetti for dinner.
3. We ___ (drink) a cup of coffee at this moment.
4. They ___ (eat) sushi at their favorite restaurant.
5. He ___ (be) very hungry today.
6. The waiter ___ (serve) our food now.
7. You ___ (order) a salad instead of a burger.

5. Completa con "like", "love" o "hate" según el contexto

Selecciona el verbo correcto.

1. I ___ eating spicy food. 🌶
2. She ___ trying new desserts. 🍰
3. We ___ drinking black coffee. ☕
4. He ___ cooking, but he does it every day. 👨‍🍳
5. They ___ eating vegetables, so they avoid salads. 🥗
6. You ___ sushi! You always order it. 🍣
7. My brother ___ eating soup because it's too hot for him. 🍲

6. Convierte los adjetivos a su forma comparativa: Transforma los adjetivos en su forma comparativa.

Adjetivo	Forma comparativa
Sweet	——
Salty	——
Spicy	——
Fresh	——
Nutritious	——
Expensive	——
Healthy	——
Tasty	——
Crunchy	——
Good	——

RESPUESTAS A LOS EJERCICIOS

1. Ordenar las palabras

1. They are having dinner in a restaurant.
2. This is the most delicious dessert on the menu.
3. He is cooking pasta for lunch.
4. I drink fresh orange juice every morning.
5. Indian food is spicier than Mexican food.

2. Unir con la traducción correcta

Palabra en inglés	Traducción en español
Bowl	g) Tazón
Napkin	d) Servilleta
Frying pan	a) Sartén
Spoon	c) Cuchara
Dessert	b) Postre
Appetizer	f) Entrada/Aperitivo
Oven	e) Horno

3. Clasificación de alimentos

Desayuno	Almuerzo/Cena
Scrambled eggs	Steak
Pancakes	Salad
Toast	Grilled chicken
Oatmeal	Pasta
Fruit smoothie	Soup

4. Conjugación en presente continuo

1. **I am having** breakfast...
2. **She is cooking** spaghetti...
3. **We are drinking** a cup of coffee...
4. **They are eating** sushi...
5. **He is being** very hungry...
6. **The waiter is serving** our food...
7. **You are ordering** a salad...

5. Like, love o hate

1. **I love** eating spicy food.
2. **She likes** trying new desserts.
3. **We love** drinking black coffee.
4. **He hates** cooking...
5. **They hate** eating vegetables...
6. **You love** sushi!
7. **My brother hates** eating soup...

6. Comparativos

Adjetivo	Forma comparativa
Sweet	Sweeter
Salty	Saltier
Spicy	Spicier
Fresh	Fresher
Nutritious	More nutritious
Expensive	More expensive
Healthy	Healthier
Tasty	Tastier
Crunchy	Crunchier
Good	Better

———

AUDIOLIBRO DE PRONUNCIACIÓN BOOK 1 - CHAPTER 5

Usa estos audios a tu favor. **Escucha, repite, imita la pronunciación y pierde el miedo a hablar.** Cuanto más te expongas al inglés, más rápido mejorarás.

BOOK 1 - CHAPTER 5

CAPÍTULO 6
HABLANDO SOBRE LA FAMILIA

DESCRIBIENDO A LAS PERSONAS

L a familia es una de las cosas más importantes en nuestra vida. Nos conecta, nos da identidad y nos acompaña en cada etapa. Y cuando aprendemos un nuevo idioma, hablar sobre nuestros seres queridos es uno de los primeros temas que surgen en una conversación.

Ahora, imagina que alguien te pregunta:

"Tell me about your family!" (¡Háblame sobre tu familia!).

¿Cómo responderías? 😊

Si quieres hacerlo con confianza y naturalidad, este capítulo es para ti. Aquí aprenderás:

☑ **El vocabulario clave** para hablar sobre los miembros de la familia 🏠

☑ **Cómo describir la apariencia física** (altura, color de cabello, ojos, etc.) 👀

☑ **Expresiones para hablar sobre la personalidad** (amable, divertido, inteligente, etc.) 🧠

Pero no solo se trata de memorizar palabras. Vamos a practicar estructuras gramaticales y adjetivos útiles para que puedas hablar de tu familia de forma clara y natural. Ya sea que quieras presentar a tus padres, describir a un amigo o contarle a alguien cómo es tu abuelo, aquí encontrarás todas las herramientas necesarias.

Piensa en este capítulo como tu kit de supervivencia para hablar sobre las personas que más quieres. 🤍

¡Así que empecemos y hagamos que cada palabra cobre vida en tus conversaciones! 🚀

EL VERBO "TO HAVE" Y LA FAMILIA

El verbo **"to have"** es fundamental cuando hablamos de la familia, ya que lo usamos para decir quiénes son nuestros familiares, describir características físicas y posesiones.

Por ejemplo:

- *I have two brothers and one sister.* (Tengo dos hermanos y una hermana).
- *She has long hair and blue eyes.* (Ella tiene el cabello largo y ojos azules).

Cuando queremos decir que **alguien está teniendo algo en este momento**, usamos el **presente continuo**. Sin embargo, en inglés, "to have" rara vez se usa en presente continuo con el significado de "tener" en sentido de posesión. **En cambio, sí lo usamos en continuo para expresar acciones, como "tener una reunión" o "tomar el desayuno".**

Por ejemplo:

- *I am having lunch with my parents.* (Estoy almorzando con mis padres).
- *They are having a great time at the family party.* (Ellos la están pasando bien en la fiesta familiar).

Conjugación del verbo "To Have"

Sujeto	Presente Simple	Presente Continuo
I	I have	I am having
You	You have	You are having
He	He has	He is having
She	She has	She is having
It	It has	It is having
We	We have	We are having
You	You have	You are having
They	They have	They are having

Reglas Importantes del Verbo "To Have"

☑ **En presente simple, "to have" cambia en tercera persona singular (he, she, it)**

- *She has two brothers.* (Ella tiene dos hermanos).
- *He has a big family.* (Él tiene una familia grande).

☑ **En presente continuo, "to have" cambia de significado y se usa para acciones temporales**

- ✖ *I am having two brothers.* 🚫 (Incorrecto, porque la familia no es temporal).
- ☑ *I have two brothers.* (Correcto, porque hablamos de posesión).

☑ **"To have" también se usa en expresiones comunes**

- *I am having dinner with my grandparents.* (Estoy cenando con mis abuelos).
- *They are having fun at the party.* (Ellos se están divirtiendo en la fiesta).

Vocabulario: Miembros de la Familia

Aquí tienes una lista de los miembros de la familia en inglés con su pronunciación y traducción. Este vocabulario te ayudará a hablar sobre tus seres queridos con confianza.

Miembro de la Familia	Pronunciación Simplificada	Traducción al Español
Father	Fá-der	Padre
Mother	Má-der	Madre
Dad	Dád	Papá
Mom (US) / Mum (UK)	Móm / Mám	Mamá
Parents	Pé-rents	Padres
Son	Son	Hijo
Daughter	Dó-ter	Hija
Brother	Bró-der	Hermano
Sister	Sis-ter	Hermana
Sibling	Sí-blin	Hermano/a (sin especificar género)
Grandfather	Grán-fá-der	Abuelo
Grandmother	Grán-má-der	Abuela
Grandparents	Grán-pé-rents	Abuelos
Grandson	Grán-són	Nieto
Granddaughter	Grán-dó-ter	Nieta
Uncle	Án-col	Tío
Aunt	Ant	Tía
Cousin	Ká-sin	Primo/a
Nephew	Né-fiu	Sobrino
Niece	Nís	Sobrina
Husband	Hás-bend	Esposo
Wife	Wáif	Esposa
Spouse	Spáus	Cónyuge
In-laws	In-los	Familia política
Father-in-law	Fá-der-in-ló	Suegro
Mother-in-law	Má-der-in-ló	Suegra
Brother-in-law	Bró-der-in-ló	Cuñado
Sister-in-law	Sis-ter-in-ló	Cuñada
Step-father	Stép-fá-der	Padrastro
Step-mother	Stép-má-der	Madrastra
Step-brother	Stép-bró-der	Hermanastro
Step-sister	Stép-sís-ter	Hermanastra
Half-brother	Háf-bró-der	Medio hermano
Half-sister	Háf-sís-ter	Media hermana
Godfather	Gód-fá-der	Padrino

Godmother	Gód-má-der	Madrina
Godson	Gód-són	Ahijado
Goddaughter	Gód-dó-ter	Ahijada

Ejemplos en contexto

1 My **father** and **mother** live in Spain.
(Mi padre y mi madre viven en España).

2 I have one **brother** and two **sisters**.
(Tengo un hermano y dos hermanas).

3 Her **grandparents** visit her every summer.
(Sus abuelos la visitan cada verano).

4 My **uncle** is married to my **aunt**, and they have three **cousins**.
(Mi tío está casado con mi tía, y ellos tienen tres primos).

5 John's **wife** is from Canada.
(La esposa de John es de Canadá).

6 My **father-in-law** and **mother-in-law** are very kind.
(Mi suegro y mi suegra son muy amables).

7 She has a **step-brother** and a **half-sister**.
(Ella tiene un hermanastro y una media hermana).

Notas Adicionales
Diferencia entre "step" y "half"

- *Step-brother* (hermanastro) → No hay relación biológica.
- *Half-brother* (medio hermano) → Comparten un padre o una madre.

Diferencia entre "cousin" y "sibling"

- *Cousin* → Primo o prima.
- *Sibling* → Hermano o hermana, sin especificar género.

Otras Personas Cercanas a la Familia

Aquí tienes un cuadro con **10 palabras** que describen a personas cercanas a la familia, como amigos, compañeros de trabajo y relaciones especiales.

Palabra en Inglés	Pronunciación	Traducción al Español
Godfather	god-fa-der	Padrino
Godmother	god-mo-der	Madrina
Godson	god-son	Ahijado
Goddaughter	god-do-ter	Ahijada
Close friend	clous frend	Amigo cercano
Best friend	best frend	Mejor amigo
Neighbor	ney-bor	Vecino
Co-worker	kou-wer-ker	Compañero de trabajo
Roommate	rum-meit	Compañero de cuarto
Mentor	men-tor	Mentor / Guía

Ejemplos Prácticos con Vocabulario de Familia y Personas Cercanas

Aquí tienes **10 oraciones** usando los términos aprendidos en el contexto de la familia y relaciones cercanas. También incluimos ejemplos donde se menciona la cantidad de personas en la familia.

1. My **godfather** is like a second father to me.
(Mi padrino es como un segundo padre para mí).
2. She has two **godsons** and one **goddaughter**.
(Ella tiene dos ahijados y una ahijada).
3. I live in an apartment with my **roommate**.
(Vivo en un apartamento con mi compañero de cuarto).
4. We are four siblings in total: two **brothers** and two **sisters**.
(Somos cuatro hermanos en total: dos hermanos y dos hermanas).
5. My parents have been friends with our **neighbor** for over twenty years.
(Mis padres han sido amigos de nuestro vecino por más de veinte años).
6. At work, I spend most of my time with my **co-worker** Sarah.
(En el trabajo, paso la mayor parte del tiempo con mi compañera Sarah).
7. I come from a big family; I have six **cousins** and three **aunts**.
(Vengo de una familia grande; tengo seis primos y tres tías).
8. John's **mentor** has helped him improve his business skills.
(El mentor de John lo ha ayudado a mejorar sus habilidades empresariales).
9. My **best friend** and I have known each other since we were five years old.
(Mi mejor amigo y yo nos conocemos desde que teníamos cinco años).
10. In my family, we are five people: my **father**, my **mother**, my **sister**, my **brother**, and me.
(En mi familia somos cinco personas: mi padre, mi madre, mi hermana, mi hermano y yo).

Notas Adicionales

☑ **Para hablar de la cantidad de personas en la familia, usamos:**

- We are *five* in my family. (Somos cinco en mi familia).
- I have *three* siblings. (Tengo tres hermanos).

☑ **Para hablar de relaciones cercanas:**

- *My best friend is like a brother to me.* (Mi mejor amigo es como un hermano para mí).
- *My godmother always gives me great advice.* (Mi madrina siempre me da buenos consejos).

ADJETIVOS PARA DESCRIBIR A LAS PERSONAS

Cuando hablamos de nuestra familia o de otras personas, es muy común describir **cómo son físicamente** y **cómo es su personalidad**. Para esto, usamos **adjetivos** en inglés.

Por ejemplo:

- *My grandfather is tall and has gray hair.* (Mi abuelo es alto y tiene el cabello gris).
- *My sister is very kind and funny.* (Mi hermana es muy amable y divertida).

Los **adjetivos en inglés no cambian según el género** como en español.

- En español: *Mi madre es* **bonita**. / *Mi padre es* **bonito**.
- En inglés: *My mother is* **beautiful**. / *My father is* **beautiful**. ☑ (El adjetivo **no cambia**).

Reglas Gramaticales Importantes:
1 **Los adjetivos van antes del sustantivo**

- *She has* **long hair**. (Ella tiene el cabello largo).
- *He is a* **kind person**. (Él es una persona amable).

2 **Para hacer comparaciones, usamos comparativos y superlativos**

- *My brother is* **taller** *than me.* (Mi hermano es más alto que yo).
- *She is* **the most intelligent** *person in the family.* (Ella es la persona más inteligente de la familia).

3 **Usamos "very" o "quite" para enfatizar**

- *My aunt is* **very funny**. (Mi tía es muy divertida).
- *My uncle is* **quite serious**. (Mi tío es bastante serio).

4 **Los adjetivos se pueden combinar**

- *He is* **tall, strong and friendly**. (Él es alto, fuerte y amigable).

ADJETIVOS PARA DESCRIBIR LA APARIENCIA FÍSICA

Aquí tienes **20 adjetivos** en inglés para describir la apariencia de una persona, junto con su pronunciación y traducción al español.

Adjetivo en Inglés	Pronunciación	Traducción al Español
Tall	tol	Alto/a
Short	short	Bajo/a
Slim	slim	Delgado/a
Chubby	chobi	Regordete/a
Fat	fat	Gordo/a
Fit	fit	En forma
Strong	stron	Fuerte
Weak	uik	Débil
Beautiful	biu-ti-ful	Hermoso/a
Handsome	jan-som	Apuesto
Ugly	ag-li	Feo/a
Blonde	blond	Rubio/a
Brunette	bru-net	Castaño/a
Bald	bold	Calvo/a
Curly (hair)	ker-li	Rizado/a
Straight (hair)	stret	Liso/a
Dark-skinned	dark skin-d	De piel oscura
Fair-skinned	fer skin-d	De piel clara
Old	old	Viejo/a
Young	iong	Joven

Ejemplos Prácticos

1 My grandfather is **old** and has **gray hair**.
(Mi abuelo es viejo y tiene el cabello gris).

2 My sister is very **tall** and **slim**.
(Mi hermana es muy alta y delgada).

3 He is **handsome** and has **curly hair**.
(Él es apuesto y tiene el cabello rizado).

4 My cousin is **short** but very **strong**.
(Mi primo es bajo pero muy fuerte).

5 She has **blonde hair** and **fair skin**.
(Ella tiene el cabello rubio y piel clara).

6 My uncle is **bald**, but he looks great!
(Mi tío es calvo, ¡pero se ve genial!)

7 That baby is so **chubby** and cute!

(¡Ese bebé es tan regordete y lindo!)
8 *My best friend is **young** and very **fit** because he goes to the gym.*
(Mi mejor amigo es joven y está en forma porque va al gimnasio).
9 *My mother has **straight brown hair**.*
(Mi madre tiene el cabello liso y castaño).
10 *He is not very **handsome**, but he is very kind.*
(Él no es muy apuesto, pero es muy amable).

Notas Adicionales
☑ **Diferencia entre "beautiful" y "handsome"**

- *Beautiful* → Se usa más para mujeres.
- *Handsome* → Se usa más para hombres.

☑ **Cómo combinar adjetivos**

- *She is **tall and slim**.* (Ella es alta y delgada).
- *He has **curly black hair** and is very strong.* (Él tiene cabello rizado negro y es muy fuerte).

USANDO ADJETIVOS ANTES DEL SUSTANTIVO PARA DESCRIBIR A UNA PERSONA

En inglés, **podemos anteponer los adjetivos a un sustantivo** para describir a alguien de manera más específica. En español, diríamos *"una persona alta"* o *"un hombre fuerte"*, y en inglés seguimos el mismo orden:
☑ **Adjetivo + Sustantivo**
Por ejemplo:

- *He is a **tall man**.* (Él es un hombre alto).
- *She is a **kind teacher**.* (Ella es una profesora amable).

Reglas Importantes
1 **El adjetivo siempre va antes del sustantivo**

- *A beautiful woman* ☑ (Una mujer hermosa).
- *A woman beautiful* ✖ (Incorrecto).

2 **Podemos usar más de un adjetivo antes del sustantivo**

- *A tall, strong man* (Un hombre alto y fuerte).
- *A funny, intelligent girl* (Una chica divertida e inteligente).

Ejemplos Prácticos
1 *My uncle is a **strong man** who loves sports.*
(Mi tío es un hombre fuerte que ama los deportes).
2 *She is a **beautiful woman** with blonde hair.*
(Ella es una mujer hermosa con cabello rubio).
3 *I have a **young cousin** who is very funny.*
(Tengo un primo joven que es muy divertido).

4 *He is a **bald man** but very attractive.*
(Él es un hombre calvo pero muy atractivo).
5 *My grandmother is a **kind and loving person**.*
(Mi abuela es una persona amable y cariñosa).
Nota Importante:

- Si hay más de un adjetivo antes del sustantivo, el orden correcto es:
- **Opinión + Tamaño + Edad + Forma + Color + Origen + Material + Propósito + Sustantivo**

Ejemplo:
☑ *A beautiful tall young woman* (Una hermosa mujer alta y joven).

Adjetivos para Describir la Personalidad

Así como describimos la apariencia física de una persona, también es importante saber hablar de su **personalidad**. En inglés, usamos **adjetivos de personalidad** para describir cómo es alguien en términos de su comportamiento, actitudes y emociones.

Por ejemplo:

- *My sister is very **friendly** and loves meeting new people.* (Mi hermana es muy amigable y le encanta conocer gente nueva).
- *My grandfather is **serious** but very kind.* (Mi abuelo es serio pero muy amable).

Estos adjetivos se usan para describir a personas en situaciones del día a día, en el trabajo, en la familia y en cualquier contexto social.

Cuadro de Adjetivos de Personalidad

Adjetivo en Inglés	Pronunciación	Traducción al Español
Friendly	frén-dli	Amigable
Kind	kaind	Amable
Polite	po-lait	Educado/a
Funny	fón-ni	Divertido/a, gracioso/a
Serious	sí-ri-ous	Serio/a
Talkative	tó-ka-tiv	Hablador/a
Shy	shai	Tímido/a
Smart	es-mart	Inteligente
Creative	kri-éi-tiv	Creativo/a
Hardworking	jard-wór-kin	Trabajador/a
Lazy	léi-zi	Perezoso/a
Generous	yé-ne-rous	Generoso/a
Selfish	sél-fish	Egoísta
Optimistic	op-ti-mís-tik	Optimista
Pessimistic	pe-si-mís-tik	Pesimista
Honest	ó-nesst	Honesto/a
Dishonest	dis-ó-nesst	Deshonesto/a

Brave	breiv	Valiente
Stubborn	stá-born	Terco/a
Moody	mú-di	De humor cambiante

Reglas Gramaticales Importantes

1 Los adjetivos de personalidad van antes del sustantivo

- *She is a **kind person**.* (Ella es una persona amable).
- *He is a **funny guy**.* (Él es un chico divertido).

2 También podemos usarlos con el verbo "to be"

- *My mother **is** very patient.* (Mi madre es muy paciente).
- *They **are** always polite.* (Ellos siempre son educados).

3 Podemos combinar varios adjetivos en una misma oración

- *She is **kind, hardworking and smart**.* (Ella es amable, trabajadora e inteligente).

4 Para enfatizar podemos usar "very", "quite" o "a little"

- *He is **very** talkative.* (Él es muy hablador).
- *She is **quite** shy.* (Ella es bastante tímida).
- *They are **a little** stubborn.* (Ellos son un poco tercos).

Ejemplos Prácticos con Adjetivos de Personalidad

1 *My brother is very **funny**. He always makes us laugh.*
(Mi hermano es muy divertido. Siempre nos hace reír).

2 *My grandfather is **serious**, but he is also very **kind**.*
(Mi abuelo es serio, pero también es muy amable).

3 *She is a **hardworking** woman who never gives up.*
(Ella es una mujer trabajadora que nunca se rinde).

4 *They are **generous** people who always help others.*
(Ellos son personas generosas que siempre ayudan a los demás).

5 *I am quite **shy**, but I like meeting new people.*
(Soy bastante tímido, pero me gusta conocer gente nueva).

6 *He is very **stubborn**, he never changes his mind!*
(Él es muy terco, ¡nunca cambia de opinión!).

7 *My best friend is very **creative**. She always has great ideas.*
(Mi mejor amiga es muy creativa. Siempre tiene grandes ideas).

8 *She is **optimistic**, she always sees the bright side of things.*
(Ella es optimista, siempre ve el lado positivo de las cosas).

9 *He is a little **lazy**, he doesn't like working too much.*
(Él es un poco perezoso, no le gusta trabajar mucho).

10 *My coworker is **dishonest**, he always lies to our boss.*

(Mi compañero de trabajo es deshonesto, siempre le miente a nuestro jefe).

Notas Finales

☑ **Diferencia entre "kind" y "polite"**

- *Kind* → Se usa para describir a una persona amable en su comportamiento.
- *Polite* → Se refiere más a la educación y cortesía en el trato con los demás.

☑ **Cómo hacer combinaciones naturales de adjetivos**

- *He is smart and hardworking.* (Él es inteligente y trabajador).
- *She is funny but sometimes moody.* (Ella es divertida pero a veces de humor cambiante).

INTRODUCCIÓN AL PASADO SIMPLE EN INGLÉS

Ahora que ya sabemos cómo describir a nuestra familia y hablar de sus características, es hora de aprender cómo contar historias sobre ellos o hablar de eventos que ocurrieron en el pasado. Para eso, utilizamos el **pasado simple** en inglés.

El **pasado simple** nos permite hablar de:

☑ **Eventos pasados y terminados** → *Yesterday, we visited my grandparents.* (Ayer visitamos a mis abuelos).

☑ **Acciones que ocurrieron en un momento específico** → *My father was born in 1975.* (Mi padre nació en 1975).

☑ **Cosas que solíamos hacer** → *When I was a child, I played with my cousins every weekend.* (Cuando era niño, jugaba con mis primos cada fin de semana).

En este capítulo aprenderemos:

- ◆ Cómo formar el pasado simple de los verbos regulares e irregulares.
- ◆ Cómo hacer oraciones afirmativas, negativas e interrogativas.
- ◆ Cuándo y cómo usar este tiempo en conversaciones del día a día.

¡Vamos a aprender a hablar sobre el pasado como unos expertos!

Cuadro de Verbos en Pasado Simple

Aquí tienes **10 verbos en inglés** con su forma en **infinitivo**, su **pasado simple**, su **pronunciación** y su **traducción al español**.

Infinitivo	Pasado Simple	Pronunciación	Traducción
Go	Went	uént	Ir
Eat	Ate	éit	Comer
Have	Had	jad	Tener
See	Saw	so	Ver
Make	Made	méid	Hacer
Take	Took	tuk	Tomar/Llevar
Speak	Spoke	spók	Hablar
Work	Worked	wuorkt	Trabajar
Play	Played	pléid	Jugar
Live	Lived	lívd	Vivir

Notas Importantes:

☑ **Los verbos regulares forman el pasado agregando "-ed"**

- *Work → Worked* (Trabajar → Trabajó / Trabajé).
- *Play → Played* (Jugar → Jugó / Jugué).

☑ **Los verbos irregulares cambian completamente en pasado**

- *Go → Went* (Ir → Fue / Fui).
- *Eat → Ate* (Comer → Comió / Comí).

☑ **Algunos verbos mantienen una pronunciación diferente en pasado**

- *Make → Made* (Hacer → Hizo / Hice).
- *See → Saw* (Ver → Vio / Vi).

Cuadro de Excepciones en la Formación del Pasado Simple

Cuando usamos el **pasado simple** de los verbos **regulares**, generalmente agregamos **"-ed"**, pero hay algunas **excepciones** según la terminación del verbo:

Regla	Explicación	Ejemplo en Infinitivo	Pasado Simple	Pronunciación	Traducción
◆ Verbos que terminan en -e	Solo agregamos "-d" al final.	Live	Lived	lɪvd	Vivir → Vivió/Viví
		Love	Loved	lʌvd	Amar → Amó/Amé
◆ Verbos que terminan en vocal corta + consonante (excepto "y" y "w")	Duplicamos la última consonante antes de agregar "-ed".	Stop	Stopped	stɒpt	Parar → Paró/Paré
		Plan	Planned	plænd	Planear → Planeó/Planeé
		Travel (en inglés británico)	Travelled	ˈtræv.əld	Viajar → Viajó/Viajé
◆ Verbos que terminan en -y después de consonante	Cambiamos la "y" por "i" antes de agregar "-ed".	Cry	Cried	kraɪd	Llorar → Lloró/Lloré
		Study	Studied	ˈstʌd.id	Estudiar → Estudió/Estudié
◆ Verbos que terminan en -y después de vocal	Mantenemos la "y" y solo agregamos "-ed".	Play	Played	pleɪd	Jugar → Jugó/Jugué
		Stay	Stayed	steɪd	Quedarse → Se quedó/Me quedé

Notas Importantes:

☑ **Si el verbo termina en -e, solo agregamos "-d"**

- *Love → Loved*
- *Live → Lived*

☑ **Si el verbo termina en una vocal corta + consonante, duplicamos la consonante**

- *Stop → Stopped*
- *Plan → Planned*

☑ **Si el verbo termina en -y después de una consonante, cambiamos la "y" por "i" y agregamos "-ed"**

- *Cry → Cried*
- *Study → Studied*

☑ **Si el verbo termina en -y después de una vocal, solo agregamos "-ed"**

- *Play → Played*
- *Stay → Stayed*

Cuadro Comparativo del Verbo "To Be" en Presente y Pasado Simple

El verbo **"to be"** es **irregular** y es el único en inglés que cambia según la persona en pasado simple. A diferencia de otros verbos que mantienen la misma forma en todas las personas, **"to be" tiene dos formas en pasado: "was" y "were"**.

Sujeto	Presente Simple	Pasado Simple
I	am	was
You	are	were
He	is	was
She	is	was
It	is	was
We	are	were
You (plural)	are	were
They	are	were

Explicación de la Diferencia

☑ **En presente simple, el verbo "to be" cambia según la persona:**

- *I am happy.* (Yo soy / estoy feliz).
- *She is a teacher.* (Ella es una maestra).
- *They are my friends.* (Ellos son mis amigos).

☑ **En pasado simple, el verbo "to be" cambia solo entre "was" y "were":**

- *I **was** at home yesterday.* (Yo estaba en casa ayer).
- *She **was** very tired.* (Ella estaba muy cansada).
- *They **were** at the party last night.* (Ellos estaban en la fiesta anoche).

Regla importante:

- **"Was"** se usa con **I, he, she, it**.
- **"Were"** se usa con **you, we, they**.

Oraciones Afirmativas en Pasado Simple

Las **oraciones afirmativas en pasado simple** se utilizan para hablar sobre eventos que ocurrieron en un momento específico en el pasado.

Regla Gramatical:

La estructura básica de una oración afirmativa en pasado simple es:

☑ **Sujeto + verbo en pasado + complemento**

Ejemplos:

- *I **visited** my grandparents last weekend.* (Visité a mis abuelos el fin de semana pasado).
- *She **studied** English two years ago.* (Ella estudió inglés hace dos años).

Reglas Importantes

1 **Los verbos regulares forman el pasado agregando "-ed"**

- *Work → Worked* (Trabajé / Trabajó).
- *Play → Played* (Jugué / Jugó).

2 **Los verbos irregulares tienen una forma propia en pasado**

- *Go → Went* (Fui / Fue).
- *Eat → Ate* (Comí / Comió).

3 **El verbo no cambia según la persona** (excepto "to be")

- *I **lived** in Spain last year.* (Viví en España el año pasado).
- *They **lived** in Spain last year.* (Ellos vivieron en España el año pasado).

Ejemplos de Oraciones Afirmativas en Pasado Simple

1 *I **woke up** early this morning.*
(Me desperté temprano esta mañana).

2 *She **bought** a new dress yesterday.*
(Ella compró un vestido nuevo ayer).

3 *They **traveled** to Italy last summer.*
(Ellos viajaron a Italia el verano pasado).

4 *We **had** dinner with our grandparents last night.*
(Cenamos con nuestros abuelos anoche).

5 *He **studied** English for two years.*
(Él estudió inglés durante dos años).

6 *My father **worked** in a bank for 10 years.*

(Mi padre trabajó en un banco durante 10 años).

7 She **went** to the supermarket in the afternoon.

(Ella fue al supermercado en la tarde).

8 I **watched** a movie with my friends last Saturday.

(Vi una película con mis amigos el sábado pasado).

9 You **helped** your mom with the housework.

(Ayudaste a tu mamá con las tareas del hogar).

10 The baby **cried** all night.

(El bebé lloró toda la noche).

Resumen Importante

- ☑ Los verbos en pasado no cambian según la persona.
- ☑ Los verbos regulares agregan "-ed".
- ☑ Los verbos irregulares tienen una forma especial en pasado.

ORACIONES NEGATIVAS EN PASADO SIMPLE

Cuando queremos decir que algo no ocurrió en el pasado, usamos oraciones negativas en pasado simple.

Regla Gramatical:

La estructura básica de una oración negativa en pasado simple es:

☑ Sujeto + auxiliar "did" + not + verbo en infinitivo + complemento

Ejemplo:

- *I did not go to the party last night.* (No fui a la fiesta anoche).
- *She did not study for the exam.* (Ella no estudió para el examen).

Reglas Importantes

1 Usamos "did not" (o "didn't" en su forma contraída)

- *I did not watch TV.* (No vi televisión).
- *They didn't like the movie.* (No les gustó la película).

2 El verbo va en su forma base (infinitivo sin "to")

- *He did not eat lunch.* (Él no comió almuerzo).
- ✖ *He did not ate lunch.* (Incorrecto).

3 "Did not" se usa con todos los sujetos

- *I did not call you yesterday.* (No te llamé ayer).
- *She did not visit her grandparents.* (Ella no visitó a sus abuelos).

4 Para el verbo "to be", NO usamos "did not"

- *She was not at home last night.* (Ella no estaba en casa anoche).
- *They were not at the meeting.* (Ellos no estaban en la reunión).

Ejemplos de Oraciones Negativas en Pasado Simple

1 *I did not eat breakfast this morning.*
(No comí desayuno esta mañana).

2 *She did not go to work yesterday.*
(Ella no fue al trabajo ayer).

3 *They did not visit their grandparents last weekend.*
(Ellos no visitaron a sus abuelos el fin de semana pasado).

4 *We did not watch the new movie.*
(No vimos la nueva película).

5 *He did not study for the test.*
(Él no estudió para el examen).

6 *My father did not buy a new car.*
(Mi padre no compró un auto nuevo).

7 *She did not like the food at the restaurant.*
(A ella no le gustó la comida en el restaurante).

8 *I did not call you last night.*
(No te llamé anoche).

9 *You did not finish your homework.*
(No terminaste tu tarea).

10 *The baby did not sleep well.*
(El bebé no durmió bien).

Resumen Importante

☑ Usamos "did not" o "didn't" para formar la negación en pasado.

☑ El verbo SIEMPRE va en su forma base (infinitivo sin "to").

☑ Con "to be", usamos "was not" o "were not", NO "did not".

Oraciones Interrogativas en Pasado Simple ? ⏳

Cuando queremos hacer preguntas sobre eventos en el pasado, usamos oraciones interrogativas en pasado simple.

Regla Gramatical:

La estructura básica de una pregunta en pasado simple es:

☑ Did + sujeto + verbo en infinitivo + complemento + ?

Ejemplo:

- *Did you visit your grandparents last weekend?* (¿Visitaste a tus abuelos el fin de semana pasado?).
- *Did she study for the exam?* (¿Ella estudió para el examen?).

Reglas Importantes

1 Usamos "Did" al inicio de la pregunta

- *Did you watch the movie?* (¿Viste la película?).
- *Did they travel last summer?* (¿Ellos viajaron el verano pasado?).

2 El verbo SIEMPRE va en su forma base (infinitivo sin "to")

- *Did she go to the party?* ☑
- ✗ *Did she went to the party?* ✗ (Incorrecto).

3 Con el verbo "to be", NO usamos "Did"

- *Was she at home yesterday?* (¿Estaba ella en casa ayer?).
- *Were they happy at the event?* (¿Ellos estaban felices en el evento?).

4 Podemos usar palabras interrogativas ("Wh- words") para obtener información específica

- *Where did you go last night?* (¿A dónde fuiste anoche?).
- *What did he buy at the store?* (¿Qué compró él en la tienda?).

Ejemplos de Oraciones Interrogativas en Pasado Simple

1 *Did you wake up early this morning?*
(¿Te despertaste temprano esta mañana?).

2 *Did she buy a new dress yesterday?*
(¿Ella compró un vestido nuevo ayer?).

3 *Did they travel to Italy last summer?*
(¿Ellos viajaron a Italia el verano pasado?).

4 *Did we have dinner with our grandparents last night?*
(¿Cenamos con nuestros abuelos anoche?).

5 *Did he study English for two years?*
(¿Él estudió inglés durante dos años?).

6 *Did your father work in a bank for 10 years?*
(¿Tu padre trabajó en un banco durante 10 años?).

7 *Did she go to the supermarket in the afternoon?*
(¿Ella fue al supermercado en la tarde?).

8 *Did you watch a movie with your friends last Saturday?*
(¿Viste una película con tus amigos el sábado pasado?).

9 *Did they help their mom with the housework?*
(¿Ayudaron a su mamá con las tareas del hogar?).

10 *Did the baby cry all night?*
(¿El bebé lloró toda la noche?).

🦅 Resumen Importante
☑ Usamos "Did" para formar preguntas en pasado.
☑ El verbo SIEMPRE va en su forma base (infinitivo sin "to").
☑ Para "to be", usamos "Was / Were" en lugar de "Did".
☑ Podemos agregar palabras interrogativas para preguntas más específicas.

EJERCICIOS PARA PRACTICAR DEL CAPÍTULO 6

> ✎ ¡Ojo! (si estás en versión eBook) Como en el eBook no se puede escribir directamente, toma tu cuaderno favorito o una hoja suelta para apuntar tus respuestas. Así lo aprovechas al máximo y aprendes mucho más. ¡Manos a la obra!

1 Conjuga el verbo "to have" en el tiempo verbal indicado
Completa con la conjugación correcta de **"to have"** en el presente o pasado, según corresponda.

1. I _____ (have) a big family.
2. She _____ (have) long brown hair.
3. We _____ (have) dinner together every night.
4. He _____ (have) a pet dog when he was a child.
5. They _____ (have) a great time at the party yesterday.
6. You _____ (have) three siblings, right?
7. My grandparents _____ (have) a farm in the countryside.
8. I _____ (have) a new cousin last year.
9. She _____ (have) a birthday party last weekend.
10. The baby _____ (have) blue eyes.

2 Une los miembros de la familia en español con sus traducciones al inglés
Relaciona cada palabra en español con su equivalente en inglés.

1. Hermano
2. Sobrina
3. Tío
4. Esposa
5. Nieto
6. Primo
7. Hijo
8. Suegro
9. Madrastra
10. Cuñado

a) Nephew
b) Grandson
c) Brother
d) Cousin
e) Wife
f) Stepmother
g) Uncle
h) Niece
i) Brother-in-law
j) Father-in-law

. . .

3 **Responde a las siguientes preguntas sobre tu propia familia**
Responde en inglés con información real sobre tu familia.

1. How many people are there in your family?
2. Do you have any siblings? How many?
3. What does your father/mother do for a living?
4. Who is the youngest person in your family?
5. Do you have any pets?
6. What do you usually do with your family on weekends?
7. Do you have a big or small family?

4 **Completa con "to have" o "to be" para describir la apariencia de tu familia**
Usa **"to have"** y **"to be"** correctamente en las siguientes frases.

1. My sister _____ very tall.
2. My grandfather _____ gray hair.
3. We _____ blue eyes.
4. My father _____ a beard.
5. They _____ very short.
6. My mother _____ brown curly hair.
7. I _____ the tallest in my family.

5 **Escribe el adjetivo en inglés que corresponde con la descripción de estas personas**

1. Alguien que siempre dice la verdad: _____
2. Una persona que trabaja mucho: _____
3. Alguien que siempre ayuda a los demás: _____
4. Una persona que se enoja fácilmente: _____
5. Alguien que no le gusta compartir: _____
6. Una persona que no tiene miedo: _____
7. Alguien que siempre está feliz: _____
8. Una persona que es muy educada: _____
9. Alguien que siempre encuentra soluciones a los problemas: _____
10. Una persona que no habla mucho: _____

_____

RESPUESTAS DEL CAPÍTULO 6: LA FAMILIA Y EL PASADO SIMPLE

1 **Conjuga el verbo "to have" en el tiempo verbal indicado**

1. I **have** a big family.
2. She **has** long brown hair.

3. We **have** dinner together every night.
4. He **had** a pet dog when he was a child.
5. They **had** a great time at the party yesterday.
6. You **have** three siblings, right?
7. My grandparents **had** a farm in the countryside.
8. I **had** a new cousin last year.
9. She **had** a birthday party last weekend.
10. The baby **has** blue eyes.

2 **Une los miembros de la familia en español con sus traducciones al inglés**

1. Hermano → **c) Brother**
2. Sobrina → **h) Niece**
3. Tío → **g) Uncle**
4. Esposa → **e) Wife**
5. Nieto → **b) Grandson**
6. Primo → **d) Cousin**
7. Hijo → **a) Nephew** ✖ (Incorrecto) → ✅ **Son**
8. Suegro → **j) Father-in-law**
9. Madrastra → **f) Stepmother**
10. Cuñado → **i) Brother-in-law**

3 **Responde a las siguientes preguntas sobre tu propia familia**
(Las respuestas varían según cada persona, aquí hay ejemplos:)

1. There are **five** people in my family.
2. Yes, I **have** two brothers and one sister.
3. My father **is** a doctor, and my mother **is** a teacher.
4. The youngest person in my family **is my little cousin**.
5. Yes, I **have** a dog and a cat.
6. On weekends, we **go to the park** and **eat dinner together**.
7. I **have** a big family.

4 **Completa con "to have" o "to be" para describir la apariencia de tu familia**

1. My sister **is** very tall.
2. My grandfather **has** gray hair.
3. We **have** blue eyes.
4. My father **has** a beard.
5. They **are** very short.
6. My mother **has** brown curly hair.
7. I **am** the tallest in my family.

. . .

5 **Escribe el adjetivo en inglés que corresponde con la descripción de estas personas**

1. Honesto/a → **Honest**
2. Trabajador/a → **Hardworking**
3. Generoso/a → **Generous**
4. Enojón/a → **Moody**
5. Egoísta → **Selfish**
6. Valiente → **Brave**
7. Feliz → **Happy**
8. Educado/a → **Polite**
9. Inteligente → **Smart**
10. Tímido/a → **Shy**

―――――

AUDIOLIBRO DE PRONUNCIACIÓN BOOK 1 - CHAPTER 6

Usa estos audios a tu favor. **Escucha, repite, imita la pronunciación y pierde el miedo a hablar.** Cuanto más te expongas al inglés, más rápido mejorarás. ¡Tu inglés fluido está a solo unos clics de distancia! 🚀👆

BOOK 1 - CHAPTER 6

AHORA ERES UN MÁSTER DEL INGLÉS BÁSICO

¡LO LOGRASTE!

Si llegaste hasta aquí, **¡felicidades!** Ya no eres el mismo que comenzó este viaje hace unos capítulos. Ahora tienes el poder de hablar sobre **tu familia, describir personas, hacer preguntas en pasado, contar historias y hasta ir de compras sin miedo a pedir la talla correcta.**

En estos **seis capítulos**, aprendimos a:

- ✅ Presentarnos y conocer a otros sin quedarnos en blanco.
  - ✅ Hablar sobre nuestra familia y describir su apariencia y personalidad.
  - ✅ Ir de compras y pedir la prenda perfecta sin acabar con algo dos tallas más grande.
  - ✅ Viajar y movernos en una ciudad sin terminar en el lugar equivocado.
  - ✅ Comer en un restaurante sin señalar el menú con cara de confusión.
  - ✅ Y contar nuestras historias en **pasado** como unos expertos.

Cada palabra que aprendiste es una herramienta más en tu mochila de superhéroe del inglés. Y lo mejor de todo: **¡esto es solo el comienzo!**

¿Y AHORA QUÉ SIGUE?

Si te encantó este libro, **espera la próxima entrega de esta colección** donde daremos un salto aún más grande en tu aprendizaje: **tiempos verbales más avanzados, conversaciones fluidas, expresiones nativas y mucho más.**

Porque aprender inglés no se trata solo de estudiar reglas, sino de abrir puertas a nuevas oportunidades, conocer el mundo y conectar con personas de cualquier parte del planeta.

Así que sigue practicando, repasa lo aprendido y **prepárate para la próxima aventura.** Nos vemos en el siguiente tomo. **Keep going, you're doing amazing!**

LIBRO 2: APRENDER INGLÉS FÁCILMENTE PARA ADULTOS - NIVEL PRINCIPIANTES

¡BIENVENIDO AL SEGUNDO TOMO DE TU AVENTURA CON EL INGLÉS!

Si estás aquí, es porque quieres **aprender inglés de forma práctica y efectiva**, sin perder tiempo en listas interminables de palabras que nunca usarás. Este libro está diseñado para **llevarte directo al vocabulario esencial**, con las palabras, frases y expresiones más usadas en el día a día, organizadas de manera inteligente para que realmente las recuerdes y las puedas aplicar.

Pero esto no es solo un diccionario con traducciones. **Aquí aprenderás con contexto, ejemplos reales y toda la información gramatical y de pronunciación que necesitas para hablar con confianza**. No queremos que solo leas palabras sueltas, queremos que **las interiorices, las uses y las conviertas en parte de tu comunicación diaria**.

Para que puedas sacarle **el máximo provecho**, encontrarás:

- **Una guía inicial** para entender cómo usar este libro de la manera más eficiente y absorber el inglés más rápido.
- **Una guía de pronunciación simplificada** para que desde el primer momento empieces a sonar como un hablante nativo.
- **Más de 700 palabras y frases esenciales**, cuidadosamente seleccionadas para cubrir situaciones cotidianas, desde presentarte hasta pedir comida o moverte por una ciudad.
- **Cada palabra y frase con su pronunciación, su tipo de palabra y su traducción al español**, para que no tengas que adivinar qué significa ni cómo usarla.
- **Ejemplos prácticos** para que veas cómo se utilizan en contexto y puedas aplicarlas con naturalidad.
- **Ejercicios en cada capítulo** para reforzar lo aprendido y asegurarte de que lo recuerdas a largo plazo.

Este no es solo un libro, es una herramienta **diseñada para que realmente incorpores el inglés en tu vida**.

Así que prepárate, porque en estas páginas encontrarás todo lo que necesitas para llevar tu inglés al siguiente nivel.

¡Es hora de sumergirte en el idioma y comenzar a hablar con confianza!

CÓMO USAR ESTE LIBRO Y SACARLE EL MÁXIMO PROVECHO + BONUS FLASHCARDS

Para que este libro sea **fácil de entender y súper práctico**, hemos diseñado un formato claro y estructurado que te permitirá aprender **rápido y sin confusión**. Aquí no solo encontrarás palabras y frases esenciales en inglés, sino que también aprenderás **cómo se pronuncian, qué significan y cómo usarlas en situaciones reales**.

Cada palabra o frase en inglés aparecerá **en negrita y cursiva**, para que la identifiques de inmediato. Justo después, dentro de **corchetes**, verás su pronunciación escrita de forma sencilla, para que puedas decirla correctamente sin necesidad de aprender el alfabeto fonético. Luego, entre **paréntesis**, indicaremos el tipo de palabra que es, por ejemplo, si se trata de un verbo, un sustantivo, una interjección, etc.

A continuación, encontrarás su **traducción literal al español**, separada por dos puntos, para que entiendas su significado básico de inmediato. Pero no nos quedamos solo con eso: si es necesario, añadiremos una breve explicación sobre su uso, diferencias con otras palabras similares o cualquier dato útil que te ayude a aplicarla correctamente.

Y lo más importante: en una nueva línea, encontrarás **ejemplos de uso real**, para que veas cómo se utiliza esa palabra o frase en contexto. De esta manera, **no solo memorizarás palabras sueltas, sino que aprenderás a usarlas de manera natural en conversaciones reales**.

Ejemplos de cómo funciona este método

1. *Hello* [he-lou] *(interj.)* : hola.
Es un saludo informal y general que se usa en casi cualquier contexto.

- *Hello*, how are you? → *Hola, ¿cómo estás?*
- She said *hello* when she arrived. → *Ella dijo hola cuando llegó.*

2. *Book* [buk] *(n.)* : libro.
Se refiere a un conjunto de páginas encuadernadas con información, historias o conocimientos.

- I bought a new *book* yesterday. → *Compré un libro nuevo ayer.*
- This *book* is very interesting. → *Este libro es muy interesante.*

3. *Nice to meet you* [nais tu mit yu] *(expr.)* : encantado/a de conocerte.
Se usa como una expresión cortés cuando conocemos a alguien por primera vez.

- *Nice to meet you*, John! → *¡Encantado de conocerte, John!*
- It was *nice to meet you*, see you soon! → *Fue un placer conocerte, ¡nos vemos pronto!*

Con esta estructura, podrás **identificar, entender y aplicar cada palabra o frase de manera fácil y natural**. Además, recuerda que **la práctica es clave**, así que repite las palabras en voz alta, intenta formar tus propias frases y usa los ejemplos como referencia en tu aprendizaje.

¡Ahora sí, prepárate para sumergirte en el inglés de una manera más efectiva que nunca!

Cuadro de Pronunciación en Inglés

En inglés, las vocales y consonantes pueden **cambiar de sonido dependiendo de su contexto**, algo que no ocurre en español. Para ayudarte a pronunciar correctamente las palabras y frases de este libro, usaremos un sistema simplificado de letras y combinaciones de letras que representarán **los sonidos más comunes en inglés**.

A continuación, te mostramos una guía con las letras que utilizaremos y los sonidos que representan.

Símbolo	Ejemplo en inglés	Pronunciación simplificada	Ejemplo con palabra en español
a	cat	[kat]	Gato
e	bed	[bed]	Beca
i	sit	[sit]	Cine
o	hot	[hot]	Ojo
u	cup	[kup]	Uva
ai	time	[taim]	Aire
ei	cake	[keik]	Rey
ou	house	[haus]	Auto
oo	food	[fuud]	Uva (sonido largo)
oi	voice	[vois]	Hoy
ch	chair	[cher]	Chocolate
sh	ship	[ship]	Lluvia (similar al sonido "shhh")
th	think	[think]	No tiene equivalente en español, se pronuncia con la lengua entre los dientes
dh	this	[dhis]	Sonido más suave de "th", como en "this"
r	red	[red]	Similar al sonido de la "r" en inglés americano, pero no tan fuerte como en "ratón"
y	yes	[yes]	Llave
w	we	[wi]	Hueso
ng	sing	[sing]	Sonido nasal, como en "ring"

¿Cómo usar esta tabla?

Cada vez que veas la **pronunciación escrita entre corchetes**, usa esta guía para identificar los sonidos y pronunciarlos correctamente. Recuerda que algunos sonidos en inglés **no tienen un equivalente exacto en español**, así que la mejor forma de dominarlos es **escuchar y repetir**.

¡Practica y conviértete en un maestro de la pronunciación en inglés! 🪶 🖐

Cuadro de Sonidos en Inglés 📖🪶

El inglés tiene una gran variedad de sonidos, y **las vocales y consonantes pueden cambiar su pronunciación**

dependiendo de las letras que las rodean. Para ayudarte a pronunciar correctamente, hemos creado un sistema de representación que utiliza algunas letras o combinaciones de letras para reflejar **cómo suenan las palabras en inglés de forma simplificada**.

Este cuadro te ayudará a identificar estos sonidos y qué letras los producen en diferentes palabras.

Sonido	Explicación	Letras que suenan así
a	Sonido corto, similar a la "a" en español.	a (cat, apple)
aa	Sonido más alargado, similar a la "a" en "padre".	a (car, father)
e	Sonido corto, como en "eco".	e (bed, pet, let)
ee	Sonido más largo, parecido a la "i" en español.	ee, ea, ie (see, eat, piece)
i	Sonido corto, similar a la "i" en "cine".	i (sit, fish, kick)
ii	Sonido más alargado, como la "i" en "tigre".	y, igh, ie (my, light, tie)
o	Sonido corto, parecido a la "o" en "oso".	o (hot, dog, top)
oo	Sonido largo, como la "u" en "luz".	oo, u, ew (food, blue, new)
u	Sonido corto, como en "gusto".	u (cup, bus, sun)
uu	Sonido más alargado, similar a la "u" en "tú".	oo, ue (moon, true, juice)
ou	Diptongo que combina "a" y "u", similar a "auto".	ou, ow (house, now, cloud)
ei	Sonido largo, parecido a la "e" en "rey".	ai, ay, ey, a (cake, play, they, name)
au	Sonido similar a "o" en "hombre".	au, aw (author, saw)

oi	Sonido como en "hoy".	oi, oy (coin, boy)
ch	Sonido como "ch" en español.	ch, tch (chair, match)
sh	Sonido como "shhh", más suave que la "s".	sh, ti, ss (ship, nation, mission)
th	Sonido sin vibración, con la lengua entre los dientes.	th (think, thanks, mouth)
dh	Sonido similar a "d", con vibración.	th (this, that, mother)
r	Sonido suave, diferente a la "r" en español.	r (red, car, door)
w	Sonido como en "hueso".	w (we, woman, what)
y	Sonido como en "llave" pero más suave.	y (yes, yellow, beyond)
ng	Sonido nasal, como en "ring".	ng (sing, long, going)

¿Cómo usar esta tabla?

Cada vez que encuentres una palabra con pronunciación escrita entre corchetes en este libro, usa esta guía para identificar los sonidos y practicarlos correctamente.

✺ **Consejo:** Algunos sonidos en inglés **no existen en español**, por lo que la mejor forma de aprenderlos es **escucharlos y repetirlos en voz alta**.

¡Practica y conviértete en un experto en pronunciación!

LOS TIPOS DE PALABRAS QUE APRENDERÁS EN ESTE LIBRO

Para hablar inglés con fluidez, no basta con aprender palabras sueltas: **necesitas saber qué tipo de palabra es cada una y cómo usarla en una oración**. En este libro, hemos clasificado cada palabra o frase para que puedas entender su función dentro de una conversación.

A continuación, te explicamos los **cinco tipos de palabras esenciales** que encontrarás en este libro y cómo te ayudarán a construir frases de manera correcta.

◆ **Sustantivos (n.) – Los nombres de todo lo que nos rodea**

Los **sustantivos** son las palabras que usamos para **nombrar personas, lugares, objetos, ideas o sentimientos**. Son fundamentales porque sin ellos, no podríamos identificar nada en nuestro entorno.

Ejemplos:

- *Table* (mesa) → *The book is on the table.* (El libro está sobre la mesa).
- *Teacher* (maestro/a) → *My teacher is very kind.* (Mi profesor es muy amable).
- *Happiness* (felicidad) → *Happiness is important in life.* (La felicidad es importante en la vida).

◆ **Adjetivos (adj.) – Describiendo todo lo que nos rodea**

Los **adjetivos** son palabras que utilizamos para **describir sustantivos**. Nos ayudan a dar más detalles sobre **cómo es algo o alguien**.

Ejemplos:

- *Big* (grande) → *This house is big.* (Esta casa es grande).
- *Cold* (frío) → *The weather is very cold today.* (El clima está muy frío hoy).
- *Beautiful* (hermoso/a) → *She is a beautiful person.* (Ella es una persona hermosa).

Regla clave: En inglés, los adjetivos **van antes del sustantivo**, a diferencia del español:

☑ *A big dog* (Un perro grande) – ✖ *A dog big* (Incorrecto).

◆ **Verbos (v.) – La acción en la oración**

Los **verbos** son las palabras que indican **acciones, estados o procesos**. Son el **corazón de cualquier oración**, porque sin ellos, no podríamos expresar lo que hacemos o sentimos.

Ejemplos:

- *Run* (correr) → *I run every morning.* (Corro todas las mañanas).
- *Eat* (comer) → *We eat lunch at 2 p.m.* (Nosotros comemos el almuerzo a las 2 p.m.).
- *Think* (pensar) → *She thinks about her future.* (Ella piensa en su futuro).

◆ **Adverbios (adv.) – Dando más información sobre la acción**

Los **adverbios** modifican un verbo, un adjetivo o incluso otro adverbio. Nos dicen **cómo, cuándo, dónde o con qué frecuencia** sucede algo.

Ejemplos:

- *Quickly* (rápidamente) → *He runs quickly.* (Él corre rápidamente).
- *Always* (siempre) → *I always drink coffee in the morning.* (Siempre tomo café por la mañana).
- *Here* (aquí) → *Come here, please!* (¡Ven aquí, por favor!).

Dato útil: Muchos adverbios terminan en **"-ly"**, como **quickly, easily, slowly**.

◆ **Interjecciones (interj.) – Expresando emociones con palabras cortas**

Las **interjecciones** son palabras o expresiones cortas que usamos para **expresar emociones, reacciones o llamar la atención**. Son esenciales en el habla cotidiana y nos ayudan a sonar más naturales en inglés.

Ejemplos:

- *Wow!* (¡Guau!) → Expresa sorpresa o asombro.
- *Oops!* (¡Ups!) → Se usa cuando cometemos un error.
- *Hey!* (¡Ey!) → Para llamar la atención de alguien.

¿Cómo te ayudará esta clasificación?

En este libro, cada palabra o frase vendrá con su **tipo de palabra indicado entre paréntesis**, así podrás saber inmediatamente cómo usarla en una oración.

Ejemplo:

◉ *Fast* [fast] *(adj.)* : rápido/a.

- The car is very *fast*. → *El auto es muy rápido.*

Así que **presta atención a la categoría de cada palabra**, porque esto te permitirá **armar frases correctas y expresarte mejor en inglés**.

Para sacarle más provecho al libro, aquí debajo te dejo las Flashcards descargables para que vayas practicando las nuevas palabras aprendidas, escanea el siguiente Código QR y hazte con ellas:

¡Ahora sí, sigamos aprendiendo!

CAPÍTULO 7
REUNIONES EN INGLÉS

CÓMO CONCRETAR UNA CITA

En inglés, hay muchas formas de programar, cancelar o reprogramar una reunión. Es importante conocer el vocabulario adecuado para que puedas comunicarte sin problemas en un ambiente profesional o personal. A continuación, te presento **10 palabras clave** que te ayudarán a organizar tus citas y reuniones con confianza.

La palabra *"appointment"* (apóintment) se usa para hablar de una **cita formal**, como una visita al doctor o una reunión con un cliente. Por ejemplo: *I have a doctor's **appointment** at 3 p.m.* (Tengo una cita con el doctor a las 3 p.m.).

Por otro lado, *"meeting"* (míiring) se usa más en un contexto profesional para referirse a reuniones de trabajo o encuentros de negocios. Un ejemplo sería: *We have a **meeting** with the manager tomorrow.* (Tenemos una reunión con el gerente mañana).

Si necesitas organizar tu tiempo, la palabra *"schedule"* (shédiul en EE.UU. / skédiul en Reino Unido) significa **horario o agendar**. Puedes usarla así: *Can we **schedule** a call for next week?* (¿Podemos agendar una llamada para la próxima semana?).

Ahora bien, si alguien te pregunta si estás **disponible**, puedes usar la palabra *"available"* (avéilebol). Por ejemplo: *Are you **available** on Monday at 4 p.m.?* (¿Estás disponible el lunes a las 4 p.m.?).

Pero, ¿qué pasa si necesitas cambiar la fecha de una reunión? Aquí entran dos palabras clave. Si necesitas **reprogramarla**, usa *"reschedule"* (rískechiul). Un ejemplo sería: *I need to **reschedule** our meeting for Friday.* (Necesito reprogramar nuestra reunión para el viernes). En cambio, si decides **cancelarla**, usa *"cancel"* (kánsel). Por ejemplo: *Unfortunately, we have to **cancel** the appointment.* (Lamentablemente, tenemos que cancelar la cita).

También es importante **confirmar** si alguien podrá asistir. Para eso, usamos *"confirm"* (conférm). Ejemplo: *Please **confirm** if you can attend the meeting.* (Por favor, confirma si puedes asistir a la reunión).

Si por alguna razón necesitas **posponer** un evento o reunión, la palabra clave es *"postpone"* (postpóun). Un ejemplo práctico: *We decided to **postpone** the event until next month.* (Decidimos posponer el evento hasta el próximo mes).

Para que no se te olvide una cita importante, puedes configurar un *"reminder"* (rimáinder), que significa **recordatorio**. Así se usa en una oración: *I set a **reminder** for our call at 10 a.m.* (Puse un recordatorio para nuestra llamada a las 10 a.m.).

Y finalmente, si lo que quieres es simplemente ponerte al día con alguien, puedes decir *"catch up"* (kacháp). Un ejemplo común es: *Let's **catch up** over coffee this weekend.* (Pongámonos al día con un café este fin de semana).

Algunas diferencias importantes que debes recordar:

- *"Appointment"* se usa para **citas formales**, mientras que *"meeting"* se usa para **reuniones de trabajo o negocios**.
- *"Schedule"* se usa para **agendar**, mientras que *"reschedule"* se usa para **cambiar la fecha** de algo ya programado.
- *"Cancel"* significa **suspender completamente**, mientras que *"postpone"* significa **retrasar para otro momento**.

Todas estas palabras te ayudarán a organizar mejor tu agenda y a comunicarte con claridad al concretar una cita en inglés. **¡Ahora es tu turno! Intenta usarlas en frases para que se vuelvan parte de tu vocabulario!** 🚀 🔥

FECHAS Y TIEMPOS EN INGLÉS

Para hablar sobre fechas y tiempos en inglés, es fundamental conocer los días de la semana, los meses y las palabras que usamos para referirnos a **hoy, mañana, ayer y otros momentos en el tiempo**. A continuación, te dejo **12 palabras esenciales** con su pronunciación y ejemplos de uso en contexto.

La palabra *"Monday"* (móndei) significa **lunes**. Se usa para hablar de los días de la semana. Por ejemplo:
☞ *I have a meeting on **Monday**.* (Tengo una reunión el lunes).
Si hablamos de meses, tenemos *"January"* (yánuari), que significa **enero**. Ejemplo:
☞ *My birthday is in **January**.* (Mi cumpleaños es en enero).
Para referirnos a **hoy**, usamos la palabra *"today"* (tudéi). Ejemplo:
☞ *I feel great **today**!* (¡Me siento genial hoy!).
Si queremos hablar de **mañana**, usamos *"tomorrow"* (tumórou). Ejemplo:
☞ *See you **tomorrow** at 10 a.m.!* (¡Nos vemos mañana a las 10 a.m.!).
Cuando hablamos de **ayer**, la palabra que usamos es *"yesterday"* (yésterdei). Ejemplo:
☞ *We went to the movies **yesterday**.* (Fuimos al cine ayer).
Para decir **la semana pasada**, usamos *"last week"* (last uík). Ejemplo:
☞ *I traveled to Spain **last week**.* (Viajé a España la semana pasada).
Si queremos referirnos a **la semana que viene**, decimos *"next week"* (nekst uík). Ejemplo:
☞ *We will start a new project **next week**.* (Empezaremos un nuevo proyecto la próxima semana).
Para indicar **este mes**, usamos *"this month"* (dis mónt). Ejemplo:
☞ *I have a lot of work **this month**.* (Tengo mucho trabajo este mes).
Si hablamos del **mes pasado**, decimos *"last month"* (last mónt). Ejemplo:
☞ *I moved to a new apartment **last month**.* (Me mudé a un nuevo apartamento el mes pasado).
Cuando queremos decir **el año que viene**, usamos *"next year"* (nekst yír). Ejemplo:
☞ *I plan to visit New York **next year**.* (Planeo visitar Nueva York el próximo año).
Si nos referimos a **el año pasado**, usamos *"last year"* (last yír). Ejemplo:
☞ *I graduated from college **last year**.* (Me gradué de la universidad el año pasado).
Finalmente, si queremos hablar de **el fin de semana**, usamos *"weekend"* (uíkend). Ejemplo:
☞ *Let's go to the beach this **weekend**!* (¡Vamos a la playa este fin de semana!).

Diferencias clave que debes recordar:

- *"Last"* se usa para hablar de eventos pasados: *last week, last month, last year* (la semana pasada, el mes pasado, el año pasado).
- *"Next"* se usa para hablar de eventos futuros: *next week, next month, next year* (la próxima semana, el próximo mes, el próximo año).
- *"This"* se usa para referirse al presente: *this week, this month* (esta semana, este mes).

Estas palabras te ayudarán a hablar sobre fechas y tiempos en inglés con más precisión. **¡Ahora intenta usarlas en tus propias frases para que se te queden grabadas!**

LOS MESES DEL AÑO EN INGLÉS

Aprender los **meses del año en inglés** es esencial para hablar sobre fechas, eventos y planificar reuniones o viajes. A continuación, te presento los **12 meses del año con su pronunciación y ejemplos de uso en contexto**.

La palabra *"January"* (yánuari) significa **enero**. Se usa para hablar de eventos que ocurren en el primer mes del año.

My birthday is in January. (Mi cumpleaños es en enero).

El segundo mes es *"February"* (fébruari), que significa **febrero**.

Valentine's Day is in February. (El Día de San Valentín es en febrero).

Si queremos hablar de **marzo**, usamos *"March"* (march).

Spring begins in March. (La primavera comienza en marzo).

Para **abril**, decimos *"April"* (éipril).

We are going on vacation in April. (Nos vamos de vacaciones en abril).

Cuando hablamos de **mayo**, la palabra correcta es *"May"* (mei).

Mother's Day is in May. (El Día de la Madre es en mayo).

El mes de **junio** se dice *"June"* (yun).

Summer starts in June. (El verano comienza en junio).

Para referirnos a **julio**, usamos *"July"* (yulai).

We celebrate Independence Day in July. (Celebramos el Día de la Independencia en julio).

Si hablamos de **agosto**, la palabra correcta es *"August"* (ógust).

I love going to the beach in August. (Me encanta ir a la playa en agosto).

El mes de **septiembre** se dice *"September"* (septémbur).

School starts in September. (La escuela comienza en septiembre).

Cuando queremos referirnos a **octubre**, decimos *"October"* (octóuber).

Halloween is celebrated in October. (Halloween se celebra en octubre).

El mes de **noviembre** en inglés es *"November"* (nouvémbur).

Thanksgiving is in November. (El Día de Acción de Gracias es en noviembre).

Finalmente, si hablamos de **diciembre**, usamos *"December"* (disémbur).

Christmas is in December. (Navidad es en diciembre).

Notas importantes:

- **Los meses SIEMPRE se escriben con mayúscula en inglés.**
- ✖ *My birthday is in january.* (Incorrecto)
- ✓ *My birthday is in January.* (Correcto)
- **Para hablar de meses usamos la preposición "in":**
- ✓ *My wedding is **in** June.* (Mi boda es en junio).

Aprender los meses del año te ayudará a programar citas, hablar sobre fechas importantes y mejorar tu conversación en inglés. **¡Practica estos ejemplos y comienza a usarlos en tu día a día!**

LOS NÚMEROS ORDINALES EN INGLÉS (PARA FECHAS)

Para hablar de fechas correctamente, es necesario aprender los **números ordinales**, que indican posición en una secuencia. Aquí tienes cómo escribirlos y decirlos hasta el 31:

Número	Ordinal	Pronunciación
1	**First** (1st)	Férst
2	**Second** (2nd)	Sécond
3	**Third** (3rd)	Thérd
4	**Fourth** (4th)	Fórth
5	**Fifth** (5th)	Fíft
6	**Sixth** (6th)	Síksth
7	**Seventh** (7th)	Séventh
8	**Eighth** (8th)	Éitth
9	**Ninth** (9th)	Náinth
10	**Tenth** (10th)	Ténth
11	**Eleventh** (11th)	Ilévventh
12	**Twelfth** (12th)	Tuelvth
13	**Thirteenth** (13th)	Thértiin-th
14	**Fourteenth** (14th)	Fórtiin-th
15	**Fifteenth** (15th)	Fíftiin-th
16	**Sixteenth** (16th)	Síkstiin-th
17	**Seventeenth** (17th)	Séventiin-th
18	**Eighteenth** (18th)	Éitiin-th
19	**Nineteenth** (19th)	Náintiin-th
20	**Twentieth** (20th)	Tuéntieth
21	**Twenty-first** (21st)	Tuénti-férst
22	**Twenty-second** (22nd)	Tuénti-sécond
23	**Twenty-third** (23rd)	Tuénti-thérd
24	**Twenty-fourth** (24th)	Tuénti-fórth
25	**Twenty-fifth** (25th)	Tuénti-fíft
26	**Twenty-sixth** (26th)	Tuénti-síksth
27	**Twenty-seventh** (27th)	Tuénti-séventth
28	**Twenty-eighth** (28th)	Tuénti-éitth
29	**Twenty-ninth** (29th)	Tuénti-náinth
30	**Thirtieth** (30th)	Thértieth
31	**Thirty-first** (31st)	Thérti-férst

Ejemplos de fechas en inglés

☑ *My birthday is on August 12th.* → (Mi cumpleaños es el 12 de agosto).

☑ *We will travel on the 5th of July.* → (Viajaremos el 5 de julio).

☑ *The meeting is scheduled for September 22nd.* → (La reunión está programada para el 22 de septiembre).

☑ *Christmas is on December 25th.* → (Navidad es el 25 de diciembre).

¿Cómo preguntar y responder sobre fechas?

👉 **What's the date today?** (¿Qué fecha es hoy?)

💬 *It's March 3rd.* (Es 3 de marzo).

👉 **When is your birthday?** (¿Cuándo es tu cumpleaños?)

💬 *It's on June 15th.* (Es el 15 de junio).

Resumen clave para recordar

◆ **En inglés, los meses van antes que los días** (*April 10th* en vez de *10 de abril*).

◆ **Usamos números ordinales para fechas** (*first, second, third…*).

◆ **Podemos decir las fechas de dos maneras:**

- *July 4th* (4 de julio - más común en EE.UU.).
- *The 4th of July* (El 4 de julio - más común en Reino Unido).
- ◆ **Para decir años, se dividen en dos partes:**
- *1999* → **Nineteen ninety-nine** (No mil novecientos noventa y nueve).
- *2024* → **Twenty twenty-four.**

Ahora que dominas los números ordinales y la estructura de las fechas en inglés, **practica escribiendo y diciendo tu cumpleaños, aniversarios o fechas importantes!** 🚀🔥

Números del 1 al 12 en inglés (para decir la hora)

1 **One** (uan)

2 **Two** (tchú)

3 **Three** (zríi)

4 **Four** (fór)

5 **Five** (faiv)

6 **Six** (síks)

7 **Seven** (séven)

8 **Eight** (éit)

9 **Nine** (náin)

10 **Ten** (tén)

11 **Eleven** (iléven)

12 **Twelve** (tuélv)

CÓMO REFERIRSE A LA HORA EN INGLÉS

1 **Hora en punto ("o'clock")**

Para indicar que es una hora exacta, usamos **"o'clock"**.

☑ *It's five o'clock.* (Son las cinco en punto).

☑ *It's ten o'clock.* (Son las diez en punto).

2 **Media hora ("half past")**

Cuando son **y media**, usamos **"half past"**.

☑ *It's half past seven.* (Son las siete y media).

☑ *It's half past eleven.* (Son las once y media).

3 **Cuarto de hora ("quarter past" y "quarter to")**

Cuando son **y cuarto**, usamos **"quarter past"** y cuando falta un cuarto para la hora, usamos **"quarter to"**.

☑ *It's quarter past three.* (Son las tres y cuarto).

☑ *It's quarter to nine.* (Son las nueve menos cuarto).

4 **Minutos específicos ("past" y "to")**

- Para los minutos **del 1 al 30**, usamos **"past"** (después de la hora).
- Para los minutos **del 31 al 59**, usamos **"to"** (para indicar cuántos minutos faltan para la próxima hora).

☑ *It's twenty past four.* (Son las cuatro y veinte).

☑ *It's ten to six.* (Son las seis menos diez).

5 **Formato de 12 horas ("a.m." y "p.m.")**

- **"A.M."** (Ante meridiem) → Se usa para las horas de la mañana (de 00:00 a 11:59).
- **"P.M."** (Post meridiem) → Se usa para la tarde y noche (de 12:00 a 23:59).

☑ *It's 7 a.m.* (Son las 7 de la mañana).

☑ *It's 9 p.m.* (Son las 9 de la noche).

6 **Cómo preguntar la hora en inglés**

- **What time is it?** (¿Qué hora es?)
- **Could you tell me the time?** (¿Podrías decirme la hora?)

7 **Otras formas informales de decir la hora**

A veces en inglés se usa una forma más casual:

☑ *It's five past two.* (Son las dos y cinco).

☑ *It's ten past ten.* (Son las diez y diez).

Resumen clave para recordar

◆ Usamos **"o'clock"** para indicar la hora exacta.

◆ **"Half past"** para decir y media.

◆ **"Quarter past"** (y cuarto) y **"quarter to"** (menos cuarto).

◆ **"Past"** para minutos después de la hora y **"to"** para minutos antes de la próxima hora.

◆ Formato de 12 horas con **"a.m."** y **"p.m."**

Ahora que sabes cómo decir la hora en inglés, **practica preguntando y respondiendo la hora en diferentes contextos!**

CÓMO DECIR LAS HORAS EN FORMATO DE 24 HORAS EN INGLÉS

En inglés, el formato **más común en la vida cotidiana es el de 12 horas**, donde usamos **"a.m."** para la mañana y **"p.m."** para la tarde/noche. Sin embargo, en contextos más formales, como horarios de vuelos, trenes, hospitales y el ejército, se usa el **formato de 24 horas**.

Diferencias clave entre el formato de 12 y 24 horas:

- **En el formato de 12 horas:** Decimos *2 p.m.* en lugar de *14:00*.
- **En el formato de 24 horas:** Se dice *fourteen hundred hours* (catorce horas) en contextos militares o *fourteen o'clock* en algunos contextos formales.

Nota importante:

En inglés, no se suele decir *"14 o'clock"* en el uso diario. Lo más común es simplemente decir *"2 p.m."* en la conversación. Pero en el **ejército y algunas industrias**, sí se usa el formato de 24 horas con números enteros.

Cómo se escriben y pronuncian las horas en el formato de 24 horas

Aquí tienes las **horas en formato de 24 horas** y cómo se pronuncian en inglés:

Hora (24h)	Formato de 12 horas	Cómo se pronuncia en inglés
00:00	12 a.m. (medianoche)	**Midnight** (mídnait)
01:00	1 a.m.	**One o'clock** (uán oclók)
02:00	2 a.m.	**Two o'clock** (tchú oclók)
03:00	3 a.m.	**Three o'clock** (zríi oclók)
04:00	4 a.m.	**Four o'clock** (fór oclók)
05:00	5 a.m.	**Five o'clock** (faiv oclók)
06:00	6 a.m.	**Six o'clock** (síks oclók)
07:00	7 a.m.	**Seven o'clock** (séven oclók)
08:00	8 a.m.	**Eight o'clock** (éit oclók)
09:00	9 a.m.	**Nine o'clock** (náin oclók)
10:00	10 a.m.	**Ten o'clock** (tén oclók)
11:00	11 a.m.	**Eleven o'clock** (iléven oclók)
12:00	12 p.m. (mediodía)	**Noon** (núun)
13:00	1 p.m.	**Thirteen hundred hours** (zertíin jándred awers) / **One p.m.** (uán pi em)
14:00	2 p.m.	**Fourteen hundred hours** (fórtiin jándred awers) / **Two p.m.** (tchú pi em)
15:00	3 p.m.	**Fifteen hundred hours** (fíftiin jándred awers) / **Three p.m.** (zríi pi em)
16:00	4 p.m.	**Sixteen hundred hours** (síks-tiin jándred awers) / **Four p.m.** (fór pi em)
17:00	5 p.m.	**Seventeen hundred hours** (séventiin jándred awers) / **Five p.m.** (faiv pi em)
18:00	6 p.m.	**Eighteen hundred hours** (éit-tiin jándred awers) / **Six p.m.** (síks pi em)
19:00	7 p.m.	**Nineteen hundred hours** (náintiin jándred awers) / **Seven p.m.** (séven pi em)
20:00	8 p.m.	**Twenty hundred hours** (tuénti jándred awers) / **Eight p.m.** (éit pi em)
21:00	9 p.m.	**Twenty-one hundred hours** (tuénti-uán jándred awers) / **Nine p.m.** (náin pi em)
22:00	10 p.m.	**Twenty-two hundred hours** (tuénti-tchú jándred awers) / **Ten p.m.** (tén pi em)

| 23:00 | 11 p.m. | **Twenty-three hundred hours** (tuénti-zríi jándred awers) / **Eleven p.m.** (iléven pi em) |

¿CÓMO PREGUNTAR Y RESPONDER LA HORA EN FORMATO DE 24 HORAS?

◆ **En situaciones informales (formato de 12 horas):**
- **What time is it?** (¿Qué hora es?)
- *It's five o'clock.* (Son las cinco en punto).
- ◆ **En contextos formales (formato de 24 horas):**
- **What is the time in military format?** (¿Cuál es la hora en formato militar?)
- *It's eighteen hundred hours.* (Son las 18:00).
- ◆ **Para expresar minutos en formato de 24 horas:**
- *It's fourteen thirty.* (Son las 14:30).
- *It's twenty-one fifteen.* (Son las 21:15).

Reglas clave para recordar

- ◆ **Formato de 12 horas:** Se usa en el día a día con "a.m." (mañana) y "p.m." (tarde/noche).
- ◆ **Formato de 24 horas:** Se usa en contextos militares, transporte y situaciones formales.
- ◆ **En el formato militar, los números de las horas se leen como "cientos".**

Ahora que conoces cómo referirte a las horas en ambos formatos, **practica diciendo diferentes horarios en voz alta y úsalos en conversaciones!** 🚀 🔥

———

EJERCICIOS PRÁCTICOS: COMPLETA LAS ORACIONES CON UNA PALABRA O EXPRESIÓN DEL CAPÍTULO 7

A continuación, completa las siguientes oraciones con la palabra o expresión correcta que hemos aprendido en este capítulo sobre **fechas y horas en inglés**. Recuerda que en algunos casos puede haber más de una respuesta correcta.

> ✎ ¡Ojo! (si estás en versión eBook) Como en el eBook no se puede escribir directamente, toma tu cuaderno favorito o una hoja suelta para apuntar tus respuestas. Así lo aprovechas al máximo y aprendes mucho más. ¡Manos a la obra!

1 My flight is scheduled for _____ 14th at 7:30 p.m.
(Mi vuelo está programado para el 14 a las 7:30 p.m.)

2 Can we _____ our meeting to next Monday? I'm not available this week.
(¿Podemos _____ nuestra reunión para el próximo lunes? No estoy disponible esta semana.)

3 It's _____ past five, so we still have ten minutes before the show starts.
(Son las _____ y cinco, así que aún tenemos diez minutos antes de que empiece el show.)

4 I have a doctor's _____ at 10:00 a.m. tomorrow morning.
(Tengo una _____ con el doctor a las 10:00 a.m. mañana por la mañana.)

5 Christmas is celebrated on _____ 25th.

_(La Navidad se celebra el 25 de _____.)

_____

RESPUESTAS DE LOS EJERCICIOS

Aquí tienes las respuestas correctas para completar las oraciones del ejercicio anterior. Recuerda que en algunos casos, **puede haber más de una opción correcta**.

1 **My flight is scheduled for *July* 14th at 7:30 p.m.**
   (*Mi vuelo está programado para el 14 de julio a las 7:30 p.m.*)
   2 **Can we *reschedule* our meeting to next Monday? I'm not available this week.**
   (*¿Podemos reprogramar nuestra reunión para el próximo lunes? No estoy disponible esta semana.*)
   3 **It's *ten* past five, so we still have ten minutes before the show starts.**
   (*Son las cinco y diez, así que aún tenemos diez minutos antes de que empiece el show.*)
   4 **I have a doctor's *appointment* at 10:00 a.m. tomorrow morning.**
   (*Tengo una cita con el doctor a las 10:00 a.m. mañana por la mañana.*)
   5 **Christmas is celebrated on *December* 25th.**
   (*La Navidad se celebra el 25 de diciembre.*)
   Consejo: Si alguna respuesta te tomó por sorpresa, ¡repasa el capítulo y vuelve a intentarlo! **La práctica hace al maestro.**

_____

AUDIOLIBRO DE PRONUNCIACIÓN BOOK 2- CHAPTER 1

Usa estos audios a tu favor. **Escucha, repite, imita la pronunciación y pierde el miedo a hablar.** Cuanto más te expongas al inglés, más rápido mejorarás. ¡Tu inglés fluido está a solo unos clics de distancia! 🚀📚

BOOK 2 - CHAPTER 1

CAPÍTULO 8
TU NUEVO AMBIENTE LABORAL

VOCABULARIO CLAVE EN EL TRABAJO

E l mundo laboral tiene su propio conjunto de palabras y expresiones que te ayudarán a comunicarte de manera efectiva en un entorno profesional. Aquí tienes **40 palabras esenciales** con su pronunciación y ejemplos en contexto para que las aprendas y las pongas en práctica.

1. *Office* (ófis) → oficina
   *I work in an **office** in the city center.*
   (Trabajo en una oficina en el centro de la ciudad.)

2. *Colleague* (kólíig) → colega, compañero de trabajo
   *My **colleague** helped me finish the project on time.*
   (Mi colega me ayudó a terminar el proyecto a tiempo.)

3. *Boss* (bós) → jefe/a
   *My **boss** wants to have a meeting with me.*
   (Mi jefe quiere tener una reunión conmigo.)

4. *Employee* (emplói-i) → empleado/a
   *The company hired 10 new **employees** this month.*
   (La empresa contrató a 10 nuevos empleados este mes.)

5. *Employer* (emplóier) → empleador/a
   *My **employer** provides great benefits for all workers.*
   (Mi empleador ofrece excelentes beneficios para todos los trabajadores.)

6. *Manager* (mánayer) → gerente
   *The **manager** is responsible for the whole team.*
   (El gerente es responsable de todo el equipo.)

7. *Department* (dipártment) → departamento, área
   *I work in the marketing **department**.*
   (Trabajo en el departamento de marketing.)

8. *Coworker* (kóu-uórker) → compañero de trabajo

☞ *My **coworker** and I share an office.*
(Mi compañero de trabajo y yo compartimos una oficina.)
🔟 **Meeting** (míiring) → reunión
☞ *We have a **meeting** every Monday at 9 a.m.*
(Tenemos una reunión todos los lunes a las 9 a.m.)

🔟 **Conference call** (kónferens kól) → llamada de conferencia
☞ *Let's schedule a **conference call** with the client.*
(Programemos una llamada de conferencia con el cliente.)
1️⃣1️⃣ **Schedule** (shédiul) → horario
☞ *I have a busy **schedule** this week.*
(Tengo un horario ocupado esta semana.)
1️⃣2️⃣ **Deadline** (dédlain) → fecha límite, plazo
☞ *The **deadline** for this project is next Friday.*
(La fecha límite para este proyecto es el próximo viernes.)
1️⃣3️⃣ **Task** (task) → tarea
☞ *One of my daily **tasks** is answering emails.*
(Una de mis tareas diarias es responder correos electrónicos.)
1️⃣4️⃣ **Assignment** (asáignment) → tarea asignada
☞ *My boss gave me a new **assignment** today.*
(Mi jefe me dio una nueva tarea hoy.)
1️⃣5️⃣ **Workload** (wérklóud) → carga de trabajo
☞ *My **workload** has increased this month.*
(Mi carga de trabajo ha aumentado este mes.)
1️⃣6️⃣ **Presentation** (presentéishon) → presentación
☞ *I have to prepare a **presentation** for tomorrow's meeting.*
(Tengo que preparar una presentación para la reunión de mañana.)
1️⃣7️⃣ **Promotion** (promóushon) → ascenso, promoción
☞ *She got a **promotion** to team leader.*
(Ella recibió un ascenso a líder de equipo.)
1️⃣8️⃣ **Pay raise** (péi reis) → aumento de sueldo
☞ *I'm hoping for a **pay raise** next year.*
(Espero un aumento de sueldo el próximo año.)
1️⃣9️⃣ **Salary** (sáleri) → salario
☞ *My **salary** is paid at the end of the month.*
(Mi salario se paga al final del mes.)

2️⃣0️⃣ **Bonus** (bóunus) → bono
☞ *Employees receive a **bonus** for good performance.*
(Los empleados reciben un bono por buen desempeño.)
2️⃣1️⃣ **Interview** (íntervi-u) → entrevista
☞ *I have a job **interview** tomorrow.*
(Tengo una entrevista de trabajo mañana.)
2️⃣2️⃣ **Resume** (résium) → currículum
☞ *I updated my **resume** before applying for the job.*

(Actualicé mi currículum antes de postularme para el trabajo.)

2 3 **Contract** (kóntrakt) → contrato

☞ I signed a one-year **contract** with the company.

(Firmé un contrato de un año con la empresa.)

2 4 **Freelancer** (fríilanser) → trabajador independiente

☞ I work as a **freelancer** in graphic design.

(Trabajo como freelancer en diseño gráfico.)

2 5 **Overtime** (óuvertaim) → horas extra

☞ I had to work **overtime** this weekend.

(Tuve que trabajar horas extra este fin de semana.)

2 6 **Networking** (nétuórking) → hacer contactos profesionales

☞ Networking is essential for career growth.

(Hacer contactos es esencial para el crecimiento profesional.)

2 7 **Client** (cláient) → cliente

☞ We have a meeting with an important **client** tomorrow.

(Tenemos una reunión con un cliente importante mañana.)

2 8 **Invoice** (ínvois) → factura

☞ Please send me the **invoice** for the services provided.

(Por favor, envíame la factura por los servicios prestados.)

2 9 **Business trip** (bísnes trip) → viaje de negocios

☞ I have a **business trip** next week.

(Tengo un viaje de negocios la próxima semana.)

3 0 **Company** (kómpani) → empresa

☞ She works for a multinational **company**.

(Ella trabaja para una empresa multinacional.)

3 1 **Work from home** (wérk from jóum) → trabajar desde casa

☞ Since the pandemic, many people **work from home**.

(Desde la pandemia, muchas personas trabajan desde casa.)

3 2 **HR (Human Resources)** (éich ár) → Recursos Humanos

☞ HR is responsible for hiring new employees.

(Recursos Humanos es responsable de contratar nuevos empleados.)

3 3 **CEO (Chief Executive Officer)** (sí i ou) → director ejecutivo

☞ The **CEO** will announce the new company policy.

(El director ejecutivo anunciará la nueva política de la empresa.)

3 4 **Job offer** (yób ófer) → oferta de trabajo

☞ I just received a **job offer** from a great company!

(¡Acabo de recibir una oferta de trabajo de una gran empresa!)

3 5 **Task force** (tásk fors) → equipo de trabajo especial

☞ A **task force** was created to solve the issue.

(Se creó un equipo de trabajo especial para resolver el problema.)

3 6 **Career** (karrír) → carrera profesional

☞ She is focusing on her **career** in finance.

(Ella se está enfocando en su carrera en finanzas.)

3 7 **Workplace** (wérkpleis) → lugar de trabajo

☞ A positive **workplace** increases productivity.

(Un lugar de trabajo positivo aumenta la productividad.)

3 8 ***Report*** (ripórt) → informe
*I need to submit my **report** by Friday.*
(*Necesito entregar mi informe antes del viernes.*)
3 9 ***Deadline extension*** (dédlain eksténshon) → extensión de plazo
*We requested a **deadline extension** for the project.*
(*Solicitamos una extensión del plazo para el proyecto.*)

4 0 ***Internship*** (ínturnship) → pasantía
*She is doing an **internship** at a law firm.*
(*Ella está haciendo una pasantía en un bufete de abogados.*)

¡Ahora practica usándolas en frases propias!

30 PALABRAS EN INGLÉS PARA DESCRIBIR UN TRABAJO

Cuando hablamos de un trabajo, no solo nos referimos a su título o función, sino también a sus características. Aquí tienes **30 palabras clave** que te ayudarán a describir un trabajo en inglés, junto con su pronunciación y un ejemplo en contexto.

1 ***Full-time*** (fúl taim) → Tiempo completo
*I have a **full-time** job from Monday to Friday.*
(*Tengo un trabajo de tiempo completo de lunes a viernes.*)
2 ***Part-time*** (párt taim) → Medio tiempo
*She works **part-time** at a bookstore.*
(*Ella trabaja medio tiempo en una librería.*)
3 ***Temporary*** (témporari) → Temporal
*This is a **temporary** position for six months.*
(*Este es un puesto temporal por seis meses.*)
4 ***Permanent*** (pérmanent) → Permanente
*He just got a **permanent** job at the company.*
(*Acaba de conseguir un trabajo permanente en la empresa.*)
5 ***Remote*** (rimóut) → Remoto
*Many companies offer **remote** work options.*
(*Muchas empresas ofrecen opciones de trabajo remoto.*)
6 ***On-site*** (ón sait) → Presencial
*This job requires you to work **on-site** five days a week.*
(*Este trabajo requiere que trabajes de manera presencial cinco días a la semana.*)
7 ***Well-paid*** (uél peid) → Bien pagado
*Doctors usually have **well-paid** jobs.*
(*Los médicos suelen tener trabajos bien pagados.*)
8 ***Low-paid*** (lóu peid) → Mal pagado
*Many entry-level jobs are **low-paid**.*
(*Muchos trabajos de nivel inicial están mal pagados.*)
9 ***Stressful*** (strésful) → Estresante

*Being a surgeon is a very **stressful** job.*
(Ser cirujano es un trabajo muy estresante.)

10 ***Relaxed*** (riláksd) → Relajado

*She prefers a **relaxed** job with flexible hours.*
(Ella prefiere un trabajo relajado con horarios flexibles.)

11 ***Demanding*** (dimánding) → Exigente

*Being a lawyer is a very **demanding** profession.*
(Ser abogado es una profesión muy exigente.)

12 ***Flexible*** (fléksibol) → Flexible

*My job has **flexible** working hours.*
(Mi trabajo tiene horarios flexibles.)

13 ***Monotonous*** (monótonous) → Monótono

*Working in a factory can be very **monotonous**.*
(Trabajar en una fábrica puede ser muy monótono.)

14 ***Challenging*** (chálenching) → Desafiante

*I love my job because it's very **challenging**.*
(Amo mi trabajo porque es muy desafiante.)

15 ***Rewarding*** (ri-uórding) → Gratificante

*Helping people makes my job very **rewarding**.*
(Ayudar a las personas hace que mi trabajo sea muy gratificante.)

16 ***Repetitive*** (ripétitiv) → Repetitivo

*Filling out reports every day is so **repetitive**.*
(Llenar informes todos los días es muy repetitivo.)

17 ***Creative*** (cri-éitiv) → Creativo

*Being a graphic designer is a very **creative** job.*
(Ser diseñador gráfico es un trabajo muy creativo.)

18 ***Independent*** (indepéndent) → Independiente

*Freelancers usually have **independent** jobs.*
(Los freelancers suelen tener trabajos independientes.)

19 ***Corporate*** (kórporet) → Corporativo

*She works in a **corporate** environment.*
(Ella trabaja en un entorno corporativo.)

20 ***Secure*** (sikiúr) → Seguro

*A government job is usually very **secure**.*
(Un trabajo en el gobierno suele ser muy seguro.)

21 ***Unstable*** (anstéibol) → Inestable

*Freelance work can sometimes be **unstable**.*
(El trabajo independiente a veces puede ser inestable.)

22 ***Motivating*** (mótiveiting) → Motivador

*Teaching is a very **motivating** job.*
(Enseñar es un trabajo muy motivador.)

23 ***Boring*** (bóring) → Aburrido

*I quit my job because it was too **boring**.*

(Renuncié a mi trabajo porque era demasiado aburrido.)

2 4 *Exciting* (eksáiting) → Emocionante

☞ *Being a journalist is an **exciting** career.*

(Ser periodista es una carrera emocionante.)

2 5 *Innovative* (ínoveitiv) → Innovador

☞ *Tech companies offer very **innovative** jobs.*

(Las empresas tecnológicas ofrecen trabajos muy innovadores.)

2 6 *Specialized* (spéshalaizd) → Especializado

☞ *Engineering is a highly **specialized** field.*

(La ingeniería es un campo altamente especializado.)

2 7 *Stable* (stéibol) → Estable

☞ *He is looking for a more **stable** job.*

(Está buscando un trabajo más estable.)

2 8 *Supportive* (supórtiv) → De apoyo

☞ *My workplace is very **supportive** of new employees.*

(Mi lugar de trabajo apoya mucho a los empleados nuevos.)

2 9 *Physically demanding* (físicli dimánding) → Físicamente exigente

☞ *Construction work is very **physically demanding**.*

(El trabajo en construcción es muy físicamente exigente.)

3 0 *Mentally exhausting* (méntali egzósting) → Mentalmente agotador

☞ *Working as a surgeon is **mentally exhausting**.*

(Trabajar como cirujano es mentalmente agotador.)

Cómo usar estas palabras

Estas palabras te permitirán describir un trabajo con mayor precisión y expresarte con más confianza en inglés. **¡Practica formando frases con ellas para mejorar tu vocabulario laboral!**

40 PALABRAS EN INGLÉS SOBRE OBJETOS Y ELEMENTOS EN UNA OFICINA

Si trabajas en una oficina o necesitas hablar sobre el entorno laboral en inglés, es importante conocer el vocabulario relacionado con los objetos, herramientas y elementos del ambiente de trabajo. Aquí tienes **40 palabras esenciales** con su pronunciación y un ejemplo de uso en contexto.

1 *Desk* (déssk) → Escritorio

☞ *My **desk** is always organized.*

(Mi escritorio siempre está ordenado.)

2 *Chair* (chéer) → Silla

☞ *I need a comfortable **chair** for my office.*

(Necesito una silla cómoda para mi oficina.)

3 *Computer* (compiúter) → Computadora

☞ *I use my **computer** for work every day.*

(Uso mi computadora para trabajar todos los días.)

4 *Laptop* (láptop) → Portátil

☞ *I prefer working on a **laptop** instead of a desktop.*

(Prefiero trabajar en una laptop en lugar de una computadora de escritorio.)

5 **Monitor** (mónitor) → Pantalla, monitor

☞ I have a dual **monitor** setup at my office.

(Tengo un sistema de doble pantalla en mi oficina.)

6 **Keyboard** (kíi-bord) → Teclado

☞ This **keyboard** is very comfortable to type on.

(Este teclado es muy cómodo para escribir.)

7 **Mouse** (máus) → Ratón

☞ I need a wireless **mouse** for my laptop.

(Necesito un ratón inalámbrico para mi laptop.)

8 **Printer** (prínter) → Impresora

☞ The **printer** is out of ink.

(La impresora se quedó sin tinta.)

9 **Scanner** (skáner) → Escáner

☞ I need to scan these documents using the **scanner**.

(Necesito escanear estos documentos usando el escáner.)

10 **Photocopier** (fóutokopier) → Fotocopiadora

☞ The **photocopier** is not working today.

(La fotocopiadora no está funcionando hoy.)

11 **Desk lamp** (déssk lám-p) → Lámpara de escritorio

☞ I bought a new **desk lamp** for my office.

(Compré una nueva lámpara de escritorio para mi oficina.)

12 **Notepad** (nóut-pad) → Bloc de notas

☞ I always carry a **notepad** to write down ideas.

(Siempre llevo un bloc de notas para escribir ideas.)

13 **Sticky notes** (stíki nóuts) → Notas adhesivas

☞ I use **sticky notes** to remember important tasks.

(Uso notas adhesivas para recordar tareas importantes.)

14 **Paper** (péiper) → Papel

☞ We need to buy more **paper** for the printer.

(Necesitamos comprar más papel para la impresora.)

15 **Envelope** (énveloup) → Sobre

☞ Please put the document in an **envelope** before sending it.

(Por favor, pon el documento en un sobre antes de enviarlo.)

16 **Pen** (pen) → Bolígrafo

☞ Can I borrow your **pen**?

(¿Me prestas tu bolígrafo?)

17 **Pencil** (pénsil) → Lápiz

☞ I prefer writing with a **pencil** when taking notes.

(Prefiero escribir con lápiz cuando tomo notas.)

18 **Highlighter** (jáilaider) → Resaltador

☞ Use a **highlighter** to mark the important sections.

(Usa un resaltador para marcar las secciones importantes.)

19 **Stapler** (stéipler) → Grapadora

☞ I need a **stapler** to attach these pages together.

(Necesito una grapadora para unir estas páginas.)

2 0 *Paper clips* (péiper klips) → Clips de papel

There are paper clips in the drawer.
(Hay clips de papel en el cajón.)

2 1 *Binder* (báinder) → Carpeta de anillas

I keep all my important documents in a binder.
(Guardo todos mis documentos importantes en una carpeta de anillas.)

2 2 *File folder* (fail fóulder) → Carpeta de archivos

Please put the reports in the file folder.
(Por favor, pon los informes en la carpeta de archivos.)

2 3 *Whiteboard* (wáit-bord) → Pizarra blanca

We use the whiteboard for brainstorming ideas.
(Usamos la pizarra blanca para hacer lluvias de ideas.)

2 4 *Marker* (márker) → Marcador

Use a black marker to write on the board.
(Usa un marcador negro para escribir en la pizarra.)

2 5 *Trash bin* (trash bin) → Basurero

Please throw the old documents in the trash bin.
(Por favor, tira los documentos viejos en el basurero.)

2 6 *Corkboard* (kórk-bord) → Tablón de corcho

The announcements are posted on the corkboard.
(Los anuncios están publicados en el tablón de corcho.)

2 7 *Headphones* (jédfouns) → Auriculares

I use headphones for online meetings.
(Uso auriculares para reuniones en línea.)

2 8 *Wi-Fi router* (wái-fái rúter) → Router Wi-Fi

The Wi-Fi router is in the main office.
(El router Wi-Fi está en la oficina principal.)

2 9 *Conference table* (kónferens téibol) → Mesa de conferencias

The team gathered around the conference table.
(El equipo se reunió alrededor de la mesa de conferencias.)

3 0 *Cubicle* (kiúbikol) → Cubículo

Each employee has their own cubicle to work.
(Cada empleado tiene su propio cubículo para trabajar.)

3 1 *Reception desk* (risépshon déssk) → Mostrador de recepción

Visitors must check in at the reception desk.
(Los visitantes deben registrarse en el mostrador de recepción.)

3 2 *Break room* (bréik rúum) → Sala de descanso

Employees take their coffee in the break room.
(Los empleados toman su café en la sala de descanso.)

3 3 *Air conditioner* (ér kondíshoner) → Aire acondicionado

The air conditioner keeps the office cool.
(El aire acondicionado mantiene la oficina fresca.)

3 4 *Filing cabinet* (fáilin kábinet) → Archivador

☞ *The contracts are in the **filing cabinet**.*
(Los contratos están en el archivador.)
3 5 **Clock** (klók) → Reloj
☞ *There is a wall **clock** in every room.*
(Hay un reloj de pared en cada habitación.)
3 6 **ID badge** (ai-di báyich) → Tarjeta de identificación
☞ *Employees need their **ID badge** to enter the office.*
(Los empleados necesitan su tarjeta de identificación para entrar a la oficina.)
3 7 **Clipboard** (klíp-bórd) → Portapapeles
☞ *The manager walked in with a **clipboard** in his hands.*
(El gerente entró con un portapapeles en sus manos.)
3 8 **Coffee machine** (kófi mashín) → Máquina de café
☞ *The **coffee machine** is in the break room.*
(La máquina de café está en la sala de descanso.)
3 9 **Security camera** (sikiúrity kámera) → Cámara de seguridad
☞ *There are **security cameras** in the main office.*
(Hay cámaras de seguridad en la oficina principal.)
4 0 **Door sign** (dór sáin) → Letrero de puerta
☞ *The **door sign** says "Meeting in Progress".*
(El letrero de la puerta dice "Reunión en progreso".)
¡Ahora practica usándolas en frases propias!

EJERCICIOS PRÁCTICOS: COMPLETA LAS ORACIONES CON UNA PALABRA O EXPRESIÓN DEL CAPÍTULO 8

A continuación, completa las siguientes oraciones con la palabra o expresión correcta que hemos aprendido en este capítulo sobre **el ambiente laboral, descripción de trabajos y objetos de oficina en inglés**. Recuerda que en algunos casos **puede haber más de una respuesta correcta**.

> ✎ ¡Ojo! (si estás en versión eBook) Como en el eBook no se puede escribir directamente, toma tu cuaderno favorito o una hoja suelta para apuntar tus respuestas. Así lo aprovechas al máximo y aprendes mucho más. ¡Manos a la obra!

1 **I need a comfortable _____ to work at my desk all day.**
(Necesito una _____ cómoda para trabajar en mi escritorio todo el día.)
2 **Our boss scheduled a _____ for tomorrow morning at 9 a.m.**
(Nuestro jefe programó una _____ para mañana a las 9 a.m.)
3 **Can you print this document using the _____?**
_*(¿Puedes imprimir este documento usando la _____?)*
4 **My job is very _____, I have to use my imagination a lot.**
_*(Mi trabajo es muy _____, tengo que usar mucho mi imaginación.)*
5 **She just got a _____ and is now the team leader.**
(Ella acaba de recibir un _____ y ahora es la líder del equipo.)
6 **I always carry a _____ to write down important notes.**
(Siempre llevo un _____ para escribir notas importantes.)
7 **John works in the finance _____ of the company.**

(John trabaja en el _____ de finanzas de la empresa.)

Instrucciones: Intenta completar cada oración con lo que has aprendido en este capítulo sobre **vocabulario laboral, descripción de trabajos y objetos de oficina en inglés.**

¡Practica y pon a prueba lo que has aprendido!

―――――

RESPUESTAS DE LOS EJERCICIOS

Aquí tienes las respuestas correctas para completar las oraciones del ejercicio anterior. Recuerda que en algunos casos, **puede haber más de una opción correcta.**

1 **I need a comfortable** *chair* **to work at my desk all day.**

*(Necesito una **silla** cómoda para trabajar en mi escritorio todo el día.)*

2 **Our boss scheduled a** *meeting* **for tomorrow morning at 9 a.m.**

*(Nuestro jefe programó una **reunión** para mañana a las 9 a.m.)*

3 **Can you print this document using the** *printer* **?**

*(¿Puedes imprimir este documento usando la **impresora**?)*

4 **My job is very** *creative* **, I have to use my imagination a lot.**

*(Mi trabajo es muy **creativo**, tengo que usar mucho mi imaginación.)*

5 **She just got a** *promotion* **and is now the team leader.**

*(Ella acaba de recibir un **ascenso** y ahora es la líder del equipo.)*

6 **I always carry a** *notepad* **to write down important notes.**

*(Siempre llevo un **bloc de notas** para escribir notas importantes.)*

7 **John works in the finance** *department* **of the company.**

*(John trabaja en el **departamento** de finanzas de la empresa.)*

Consejo: Si alguna respuesta te tomó por sorpresa, ¡repasa el capítulo y vuelve a intentarlo! **La práctica hace al maestro.**

―――――

AUDIOLIBRO DE PRONUNCIACIÓN BOOK 2- CHAPTER 2

Usa estos audios a tu favor. **Escucha, repite, imita la pronunciación y pierde el miedo a hablar.**

BOOK 2 - CHAPTER 2

CAPÍTULO 9
HELP! I NEED SOMEBODY

VOCABULARIO PARA SITUACIONES DE URGENCIA Y PELIGRO

Saber cómo comunicarte en inglés en situaciones de **emergencia o peligro** puede ser clave para pedir ayuda y mantenerte seguro. Aquí tienes **30 palabras esenciales** con su pronunciación y un ejemplo en contexto para que las aprendas y las pongas en práctica.

1. **Emergency** (imérllensi) → Emergencia
   Call 911! This is an emergency!
   (¡Llama al 911! ¡Esto es una emergencia!)
2. **Help** (jélp) → Ayuda
   Please, help me! I can't move my leg!
   (¡Por favor, ayúdame! ¡No puedo mover mi pierna!)
3. **Danger** (déin-yer) → Peligro
   Stay away! There's a lot of danger ahead.
   (¡Aléjate! Hay mucho peligro adelante.)
4. **Accident** (áksident) → Accidente
   There was a car accident on the highway.
   (Hubo un accidente de auto en la carretera.)
5. **Fire** (fáier) → Fuego, incendio
   There's a fire in the building! Evacuate now!
   (¡Hay un incendio en el edificio! ¡Evacuen ahora!)
6. **Smoke** (smóuk) → Humo
   I see smoke coming from that house.
   (Veo humo saliendo de esa casa.)
7. **Police** (polís) → Policía
   We need to call the police right away.
   (Necesitamos llamar a la policía de inmediato.)
8. **Ambulance** (ámbiulans) → Ambulancia

☞ *Call an **ambulance**! He's unconscious!*
*(¡Llama a una **ambulancia**! ¡Está inconsciente!)*
9 ***Paramedic*** *(paramédic)* → Paramédico
☞ *The **paramedics** arrived quickly to help the injured man.*
*(Los **paramédicos** llegaron rápido para ayudar al hombre herido.)*
10 ***Doctor*** *(dóktor)* → Doctor
☞ *I need a **doctor**! My friend is not breathing.*
*(¡Necesito un **doctor**! Mi amigo no está respirando.)*

1 1 ***Hospital*** *(hóspital)* → Hospital
☞ *She was taken to the **hospital** after the accident.*
*(La llevaron al **hospital** después del accidente.)*
1 2 ***First aid*** *(férst eid)* → Primeros auxilios
☞ *Do you know how to give **first aid**?*
*(¿Sabes cómo dar **primeros auxilios**?)*
1 3 ***CPR (Cardiopulmonary Resuscitation)*** *(si-pi-ar)* → RCP (Reanimación cardiopulmonar)
☞ *He performed **CPR** until the paramedics arrived.*
*(Realizó **RCP** hasta que llegaron los paramédicos.)*
1 4 ***Bleeding*** *(blíiding)* → Sangrado
☞ *He's **bleeding** a lot! We need to stop it!*
*(¡Está **sangrando** mucho! ¡Tenemos que detenerlo!)*
1 5 ***Unconscious*** *(ankónshes)* → Inconsciente
☞ *He hit his head and is now **unconscious**.*
*(Se golpeó la cabeza y ahora está **inconsciente**.)*
1 6 ***Faint*** *(féint)* → Desmayarse
☞ *She felt dizzy and **fainted** in the middle of the store.*
*(Se sintió mareada y **se desmayó** en medio de la tienda.)*
1 7 ***Pain*** *(péin)* → Dolor
☞ *I have a sharp **pain** in my chest.*
*(Tengo un **dolor** fuerte en el pecho.)*
1 8 ***Burn*** *(bérn)* → Quemadura
☞ *He got a **burn** from touching the hot pan.*
*(Se hizo una **quemadura** al tocar la sartén caliente.)*
1 9 ***Fracture*** *(frákshur)* → Fractura
☞ *The X-ray showed a **fracture** in his arm.*
*(La radiografía mostró una **fractura** en su brazo.)*
2 0 ***Poison*** *(póison)* → Veneno, intoxicación
☞ *He accidentally drank something with **poison**!*
*(¡Bebió algo con **veneno** por accidente!)*

2 1 ***Allergy*** *(ál-erllii)* → Alergia
☞ *I have a severe **allergy** to peanuts.*
*(Tengo una **alergia** severa a los cacahuates.)*
2 2 ***Drowning*** *(dráuning)* → Ahogamiento
☞ *Someone is **drowning** in the pool! Call for help!*

(*¡Alguien se está **ahogando** en la piscina! ¡Pide ayuda!*)

2 3 **Choking** (chóuking) → Asfixia, atragantamiento

☞ *She started **choking** on a piece of food.*

(*Ella empezó a **atragantarse** con un pedazo de comida.*)

2 4 **Rescue** (réskiu) → Rescatar, rescate

☞ *The firefighters came to **rescue** the trapped people.*

(*Los bomberos vinieron a **rescatar** a las personas atrapadas.*)

2 5 **Safe** (séif) → Seguro/a

☞ *Are you **safe**? Where are you?*

(*¿Estás **seguro**? ¿Dónde estás?*)

2 6 **Evacuate** (ivákiueit) → Evacuar

☞ *We have to **evacuate** the building immediately.*

(*Tenemos que **evacuar** el edificio inmediatamente.*)

2 7 **Alarm** (alárm) → Alarma

☞ *The fire **alarm** went off at midnight.*

(*La **alarma** de incendios sonó a la medianoche.*)

2 8 **Explosion** (eksplóushon) → Explosión

☞ *There was a gas **explosion** in the kitchen.*

(*Hubo una **explosión** de gas en la cocina.*)

2 9 **Shelter** (shélter) → Refugio

☞ *We need to find a **shelter** before the storm gets worse.*

(*Necesitamos encontrar un **refugio** antes de que la tormenta empeore.*)

3 0 **Survive** (serváiv) → Sobrevivir

☞ *He managed to **survive** the accident with minor injuries.*

(*Logró **sobrevivir** al accidente con heridas leves.*)

Notas importantes

☑ **Expresiones útiles en emergencias:**

◆ *I need help!* → (¡Necesito ayuda!)

◆ *Call an ambulance!* → (¡Llama una ambulancia!)

◆ *There's been an accident!* → (¡Ha habido un accidente!)

◆ *Stay calm, help is coming.* → (Mantente calmado, la ayuda está en camino.)

◆ *Is anyone hurt?* → (¿Alguien está herido?)

Estas palabras y frases te pueden ayudar **en situaciones de peligro o emergencia**. **Practícalas y úsalas en contextos reales para mejorar tu inglés!** 🚀 🔥

VOCABULARIO SOBRE PARTES DEL CUERPO EN INGLÉS

Conocer las partes del cuerpo en inglés es fundamental para describir síntomas, pedir ayuda médica o simplemente hablar sobre anatomía. Aquí tienes **30 palabras esenciales** con su pronunciación y un ejemplo en contexto.

1 **Head** (jéd) → Cabeza

☞ *I have a headache. My **head** hurts.*

(*Tengo dolor de cabeza. Me duele la **cabeza**.*)

2 **Face** (féis) → Cara

☞ *She has a beautiful **face**.*

*(Ella tiene una **cara** hermosa.)*

3 **Eye** (ai) → Ojo

My left **eye** is irritated.

*(Mi **ojo** izquierdo está irritado.)*

4 **Ear** (íir) → Oreja

I can't hear well in my right **ear**.

*(No puedo escuchar bien con mi **oreja** derecha.)*

5 **Nose** (nóus) → Nariz

His **nose** is bleeding.

*(Le sangra la **nariz**.)*

6 **Mouth** (máuth) → Boca

Open your **mouth** and say "Ahh".

*(Abre la **boca** y di "Ahh".)*

7 **Tooth** (túuth) → Diente

I have a **tooth**ache.

*(Tengo dolor de **diente**.)*

8 **Tongue** (táng) → Lengua

He accidentally bit his **tongue**.

*(Se mordió la **lengua** por accidente.)*

9 **Cheek** (chíik) → Mejilla

She kissed me on the **cheek**.

*(Me besó en la **mejilla**.)*

10 **Chin** (chín) → Barbilla

He has a scar on his **chin**.

*(Tiene una cicatriz en la **barbilla**.)*

11 **Neck** (nék) → Cuello

I have a stiff **neck** from sleeping wrong.

*(Tengo el **cuello** rígido por dormir mal.)*

12 **Shoulder** (shóulder) → Hombro

I carry my bag on my right **shoulder**.

*(Llevo mi bolso en mi **hombro** derecho.)*

13 **Arm** (árm) → Brazo

He broke his **arm** while playing soccer.

*(Se rompió el **brazo** mientras jugaba fútbol.)*

14 **Elbow** (élbou) → Codo

I hit my **elbow** on the table.

*(Me golpeé el **codo** con la mesa.)*

15 **Hand** (jánd) → Mano

Shake my **hand**.

*(Dame la **mano**.)*

16 **Finger** (fínger) → Dedo

She cut her **finger** while cooking.

*(Se cortó el **dedo** mientras cocinaba.)*

17 **Thumb** (zám) → Pulgar

I hurt my **thumb** playing basketball.

*(Me lastimé el **pulgar** jugando baloncesto.)*

1 8 *Chest* (chést) → Pecho
☞ *He has a pain in his chest.*
(Tiene un dolor en el **pecho**.)
1 9 *Back* (bák) → Espalda
☞ *My back hurts from sitting too long.*
(Me duele la **espalda** por estar sentado mucho tiempo.)
2 0 *Waist* (uéist) → Cintura
☞ *She has a slim waist.*
(Ella tiene una **cintura** delgada.)

2 1 *Stomach* (stómak) → Estómago
☞ *I have a stomach ache.*
(Tengo dolor de **estómago**.)
2 2 *Hip* (jip) → Cadera
☞ *He injured his hip while running.*
(Se lastimó la **cadera** mientras corría.)
2 3 *Leg* (lég) → Pierna
☞ *She broke her leg skiing.*
(Se rompió la **pierna** esquiando.)
2 4 *Knee* (níi) → Rodilla
☞ *I fell and hurt my knee.*
(Me caí y me lastimé la **rodilla**.)
2 5 *Ankle* (ánkol) → Tobillo
☞ *I twisted my ankle during the game.*
(Me torcí el **tobillo** durante el partido.)
2 6 *Foot* (fút) → Pie
☞ *My left foot is swollen.*
(Mi **pie** izquierdo está hinchado.)
2 7 *Toe* (tóu) → Dedo del pie
☞ *She stubbed her toe on the table.*
(Se golpeó el **dedo del pie** con la mesa.)
2 8 *Skin* (skín) → Piel
☞ *She has very sensitive skin.*
(Ella tiene la **piel** muy sensible.)
2 9 *Bone* (bóun) → Hueso
☞ *He broke a bone in his hand.*
(Se rompió un **hueso** en la mano.)
3 0 *Muscle* (másol) → Músculo
☞ *I need to stretch my muscles after working out.*
(Necesito estirar mis **músculos** después de hacer ejercicio.)

Notas importantes
☑ **Expresiones útiles relacionadas con el cuerpo:**
◆ *I have a headache.* → (Tengo dolor de cabeza.)
◆ *My back hurts.* → (Me duele la espalda.)

◆ *She has a broken arm.* → (Ella tiene un brazo roto.)

◆ *He sprained his ankle.* → (Él se torció el tobillo.)

◆ *I cut my finger while cooking.* → (Me corté el dedo mientras cocinaba.)

Este vocabulario es **esencial para describir síntomas, expresar dolor o hablar sobre partes del cuerpo en inglés. Practica y pon a prueba lo que has aprendido!**

PROFESIONES A LAS QUE ACUDIR EN CASO DE EMERGENCIA

En situaciones de **urgencia o peligro**, es fundamental conocer las profesiones de las personas que pueden **brindar ayuda**. Aquí tienes **30 profesiones esenciales** con su **pronunciación** y un **ejemplo en contexto** para que puedas aprenderlas y usarlas correctamente.

1 **Doctor** (dóktor) → Doctor, médico

☞ *You should see a **doctor** if you feel sick.*

*(Deberías ver a un **doctor** si te sientes enfermo.)*

2 **Nurse** (nérs) → Enfermero/a

☞ *The **nurse** took my blood pressure.*

*(La **enfermera** me tomó la presión.)*

3 **Paramedic** (paramédic) → Paramédico

☞ *The **paramedics** arrived in less than five minutes.*

*(Los **paramédicos** llegaron en menos de cinco minutos.)*

4 **Surgeon** (sérllon) → Cirujano/a

☞ *The **surgeon** performed a complicated operation.*

*(El **cirujano** realizó una operación complicada.)*

5 **Firefighter** (fáier-faier) → Bombero/a

☞ *The **firefighters** put out the fire quickly.*

*(Los **bomberos** apagaron el incendio rápidamente.)*

6 **Police officer** (polís ófiser) → Oficial de policía

☞ *A **police officer** helped us find our lost child.*

*(Un **oficial de policía** nos ayudó a encontrar a nuestro hijo perdido.)*

7 **Detective** (ditéktiv) → Detective

☞ *The **detective** is investigating the case.*

*(El **detective** está investigando el caso.)*

8 **Security guard** (sikiúrity gard) → Guardia de seguridad

☞ *A **security guard** is always at the entrance.*

*(Un **guardia de seguridad** está siempre en la entrada.)*

9 **Lifeguard** (láif-gard) → Salvavidas

☞ *The **lifeguard** saved the drowning child.*

*(El **salvavidas** rescató al niño que se estaba ahogando.)*

10 **EMT (Emergency Medical Technician)** (í-em-tí) → Técnico en emergencias médicas

☞ *The **EMT** stabilized the patient before taking him to the hospital.*

*(El **técnico en emergencias médicas** estabilizó al paciente antes de llevarlo al hospital.)*

11 **Pharmacist** (fármasist) → Farmacéutico/a

☞ *The **pharmacist** recommended a painkiller for my headache.*

*(El **farmacéutico** me recomendó un analgésico para mi dolor de cabeza.)*

12 **Psychologist** (saikólollist) → Psicólogo/a

☞ A **psychologist** can help you manage stress.

*(Un **psicólogo** puede ayudarte a manejar el estrés.)*

13 **Psychiatrist** (saikáiatríst) → Psiquiatra

☞ He sees a **psychiatrist** for anxiety treatment.

*(Él ve a un **psiquiatra** para tratar la ansiedad.)*

14 **Dentist** (déntist) → Dentista

☞ I have an appointment with the **dentist** tomorrow.

*(Tengo una cita con el **dentista** mañana.)*

15 **Ophthalmologist** (óftalmóllist) → Oftalmólogo/a

☞ The **ophthalmologist** checked my vision.

*(El **oftalmólogo** revisó mi visión.)*

16 **Optometrist** (optómetrist) → Optometrista

☞ An **optometrist** can prescribe glasses for you.

*(Un **optometrista** puede recetarte gafas.)*

17 **Cardiologist** (cardióllist) → Cardiólogo/a

☞ The **cardiologist** specializes in heart diseases.

*(El **cardiólogo** se especializa en enfermedades del corazón.)*

18 **Pediatrician** (pídiatrishan) → Pediatra

☞ The **pediatrician** checked my baby's health.

*(El **pediatra** revisó la salud de mi bebé.)*

19 **Neurologist** (niuróllist) → Neurólogo/a

☞ The **neurologist** diagnosed him with a nerve condition.

*(El **neurólogo** le diagnosticó una afección nerviosa.)*

20 **Orthopedic surgeon** (ortopídic sérllon) → Cirujano ortopédico

☞ He needed an **orthopedic surgeon** for his broken leg.

*(Necesitó un **cirujano ortopédico** para su pierna rota.)*

21 **Anesthesiologist** (anestisióllist) → Anestesiólogo/a

☞ The **anesthesiologist** administered the anesthesia before surgery.

*(El **anestesiólogo** administró la anestesia antes de la cirugía.)*

22 **Midwife** (míd-uáif) → Partera

☞ The **midwife** helped deliver the baby safely.

*(La **partera** ayudó a dar a luz al bebé de forma segura.)*

23 **Veterinarian** (vet-erinérrian) → Veterinario/a

☞ The **veterinarian** treated my sick dog.

*(El **veterinario** trató a mi perro enfermo.)*

24 **Social worker** (sóushal uórker) → Trabajador/a social

☞ A **social worker** helped the homeless family find shelter.

*(Un **trabajador social** ayudó a la familia sin hogar a encontrar refugio.)*

25 **Rescue worker** (réskiu uórker) → Rescatista

☞ The **rescue worker** saved people trapped under the rubble.

*(El **rescatista** salvó a personas atrapadas bajo los escombros.)*

26 **Disaster response team** (disáster rispóns tím) → Equipo de respuesta ante desastres

☞ The **disaster response team** arrived after the earthquake.

*(El **equipo de respuesta ante desastres** llegó después del terremoto.)*

2️⃣7️⃣ *Helicopter pilot* (jélicópter páilot) → Piloto de helicóptero de rescate

☞ The **helicopter pilot** *transported the injured man to the hospital.*

(El **piloto de helicóptero** *transportó al hombre herido al hospital.*)

2️⃣8️⃣ *Emergency dispatcher* (imérllensi dispátcher) → Operador/a de emergencias

☞ The **dispatcher** *sent an ambulance immediately.*

(El **operador de emergencias** *envió una ambulancia de inmediato.*)

2️⃣9️⃣ *Forensic scientist* (forénsic sáientist) → Científico forense

☞ The **forensic scientist** *analyzed the crime scene evidence.*

(El **científico forense** *analizó las pruebas de la escena del crimen.*)

3️⃣0️⃣ *Coroner* (kóroner) → Médico forense

☞ The **coroner** *confirmed the cause of death.*

(El **médico forense** *confirmó la causa de la muerte.*)

Frases útiles para emergencias con profesionales

◆ *Call an ambulance!* → (¡Llama una ambulancia!)

◆ *I need to see a doctor.* → (Necesito ver a un doctor.)

◆ *Where is the nearest hospital?* → (¿Dónde está el hospital más cercano?)

◆ *Is there a police officer nearby?* → (¿Hay un oficial de policía cerca?)

◆ *I need a firefighter, there's a fire!* → (¡Necesito un bombero, hay un incendio!)

Con este vocabulario podrás **describir situaciones de emergencia y pedir ayuda correctamente en inglés. Practica y pon a prueba lo que has aprendido!**

20 FRASES PARA PEDIR AYUDA EN INGLÉS

En situaciones de **emergencia o peligro**, es fundamental **saber cómo pedir ayuda en inglés** de manera clara y efectiva. Aquí tienes **20 frases esenciales**, con su **pronunciación**, su **traducción** y un **ejemplo en contexto** para que las aprendas y puedas utilizarlas en el momento adecuado.

1️⃣ *"Help!"* (jélp) → ¡Ayuda!

☞ *"Someone, **help**! My friend just collapsed!"*

(¡Alguien, **ayuda**! ¡Mi amigo acaba de desmayarse!)

2️⃣ *"Call an ambulance!"* (kól an ámbiulans) → ¡Llama una ambulancia!

☞ *"He's unconscious! **Call an ambulance** now!"*

(¡Está inconsciente! ¡**Llama una ambulancia** ahora!)

3️⃣ *"I need a doctor!"* (ai níid a dóktor) → ¡Necesito un doctor!

☞ *"My son has a high fever! **I need a doctor** immediately!"*

(¡Mi hijo tiene fiebre alta! ¡**Necesito un doctor** de inmediato!)

4️⃣ *"Call the police!"* (kól de polís) → ¡Llama a la policía!

☞ *"Someone stole my wallet! **Call the police**!"*

(¡Alguien me robó la billetera! ¡**Llama a la policía**!)

5️⃣ *"There's been an accident!"* (déers bin an áksident) → ¡Ha habido un accidente!

☞ *"Stop the car! **There's been an accident** on the highway!"*

(¡Detén el auto! ¡**Ha habido un accidente** en la carretera!)

6️⃣ *"I'm lost!"* (aim lóst) → ¡Estoy perdido/a!

☞ *"Excuse me, **I'm lost**. Can you help me find my hotel?"*

*(Disculpe, **estoy perdido**. ¿Puede ayudarme a encontrar mi hotel?)*

7 _**"I don't feel well."** (ai dóunt ffil wél) → No me siento bien.

☞ *"I feel dizzy and my chest hurts. **I don't feel well.**"*

*(Me siento mareado y me duele el pecho. **No me siento bien.**)*

8 *"**Can you help me?**" (kan iú jélp mi) → ¿Puedes ayudarme?*

☞ *"My phone is dead. **Can you help me** find a taxi?"*

*(Mi teléfono está apagado. ¿**Puedes ayudarme** a encontrar un taxi?)*

9 _**"I need to go to the hospital."** (ai nííd tu góu tu de hós-pital) → Necesito ir al hospital.

☞ *"I cut my hand badly. **I need to go to the hospital.**"*

*(Me corté la mano gravemente. **Necesito ir al hospital.**)*

10 _**"My car broke down."** (mai kár bróuk dáun) → Mi auto se averió.

☞ *"I'm stuck on the highway. **My car broke down** and I need help."*

*(Estoy atrapado en la carretera. **Mi auto se averió** y necesito ayuda.)*

11 _**"I think someone is following me."** (ai zink sámguán is fólo-uing mi) → Creo que alguien me está siguiendo.

☞ *"I feel unsafe. **I think someone is following me.**"*

*(Me siento inseguro. **Creo que alguien me está siguiendo.**)*

12 _**"There's a fire!"** (déers a fáier) → ¡Hay un incendio!

☞ *"Evacuate the building! **There's a fire** in the kitchen!"*

*(¡Evacuen el edificio! **¡Hay un incendio** en la cocina!)*

13 _**"Please hurry!"** (plís jórry) → ¡Por favor, rápido!

☞ *"She is having trouble breathing. **Please hurry!**"*

*(¡Ella tiene problemas para respirar! **¡Por favor, rápido!**)*

14 _**"Does anyone speak Spanish?"** (dóz éni-uán spíik spánish?) → ¿Alguien habla español?

☞ *"I'm having trouble understanding. **Does anyone speak Spanish?**"*

*(Tengo problemas para entender. ¿**Alguien habla español?**)*

15 _**"Be careful!"** (bí kérful) → ¡Ten cuidado!

☞ *"That floor is wet! **Be careful** or you'll slip!"*

*(¡Ese piso está mojado! **¡Ten cuidado** o te resbalarás!)*

16 _**"I have an emergency!"** (ai jáv an imérllensi) → ¡Tengo una emergencia!

☞ *"I need to use your phone, **I have an emergency!**"*

*(Necesito usar tu teléfono, **¡tengo una emergencia!**)*

17 _**"Someone stole my bag!"** (sámguán stóul mai bág) → ¡Alguien robó mi bolso!

☞ *"Help! **Someone stole my bag** at the train station!"*

*(¡Ayuda! **Alguien robó mi bolso** en la estación de tren.)*

18 _**"I was attacked!"** (ai uás atákt) → ¡Fui atacado/a!

☞ *"I need the police. **I was attacked** near my hotel."*

*(Necesito a la policía. **Fui atacado** cerca de mi hotel.)*

19 _**"Can you call 911 for me?"** (kan iú kól náin-uán-uán for mi?) → ¿Puedes llamar al 911 por mí?

☞ *"I don't have my phone. **Can you call 911 for me?**"*

*(No tengo mi teléfono. ¿**Puedes llamar al 911 por mí?**)*

20 _**"Where is the nearest police station?"** (uér is de níarest polís stéishon?) → ¿Dónde está la estación de policía más cercana?

☞ *"I need to report a crime. **Where is the nearest police station?**"*

*(Necesito denunciar un delito. ¿**Dónde está la estación de policía más cercana?**)*

. . .

Notas importantes

☑ **Expresiones útiles en emergencias:**

◆ *Call an ambulance!* → (¡Llama una ambulancia!)

◆ *There's been an accident!* → (¡Ha habido un accidente!)

◆ *Please help me!* → (¡Por favor, ayúdame!)

◆ *I don't feel well.* → (No me siento bien.)

◆ *Where is the hospital?* → (¿Dónde está el hospital?)

◆ *Can you call 911?* → (¿Puedes llamar al 911?)

Con estas frases, estarás preparado para pedir ayuda en **cualquier emergencia. ¡Practica y tenlas a la mano!**

_____

EJERCICIOS PRÁCTICOS: COMPLETA LAS ORACIONES CON UNA PALABRA O EXPRESIÓN DEL CAPÍTULO 9

A continuación, completa las siguientes oraciones con la palabra o expresión correcta que hemos aprendido en este capítulo sobre **emergencias, profesiones de ayuda, partes del cuerpo y cómo pedir ayuda en inglés.** Recuerda que en algunos casos **puede haber más de una respuesta correcta.**

🖉 ¡Ojo! (si estás en versión eBook) Como en el eBook no se puede escribir directamente, toma tu cuaderno favorito o una hoja suelta para apuntar tus respuestas. Así lo aprovechas al máximo y aprendes mucho más. ¡Manos a la obra!

1️⃣ **I need to go to the _____ because I have a serious injury.**

(Necesito ir al _____ porque tengo una lesión grave.)

2️⃣ **The _____ arrived quickly and helped the injured man.**

(El _____ llegó rápidamente y ayudó al hombre herido.)

3️⃣ **Call the _____! There's a fire in the building!**

_(¡Llama a los _____! ¡Hay un incendio en el edificio!)*

4️⃣ **My _____ is swollen after I twisted it playing soccer.**

(Mi _____ está hinchado después de torcérmelo jugando fútbol.)

5️⃣ **Help! Someone _____ my phone while I was in the store!**

(¡Ayuda! Alguien _____ mi teléfono mientras estaba en la tienda.)

6️⃣ **My friend suddenly collapsed and is now _____.**

_(Mi amigo de repente se desmayó y ahora está _____.)*

7️⃣ **I think I broke a _____ in my arm.**

(Creo que me rompí un _____ en el brazo.)

Instrucciones: Intenta completar cada oración con lo que has aprendido en este capítulo sobre **vocabulario de emergencias, profesiones de ayuda, partes del cuerpo y cómo pedir ayuda en inglés.**

¡Practica y pon a prueba lo que has aprendido!

_____

RESPUESTAS DE LOS EJERCICIOS DEL CAPÍTULO 3

Aquí tienes las respuestas correctas para completar las oraciones del ejercicio anterior. Recuerda que en algunos casos, **puede haber más de una opción correcta**.

1 **I need to go to the *hospital* because I have a serious injury.**
(*Necesito ir al **hospital** porque tengo una lesión grave.*)

2 **The *paramedics* arrived quickly and helped the injured man.**
(*Los **paramédicos** llegaron rápidamente y ayudaron al hombre herido.*)

3 **Call the *firefighters* ! There's a fire in the building!**
(*¡Llama a los **bomberos**! ¡Hay un incendio en el edificio!*)

4 **My *ankle* is swollen after I twisted it playing soccer.**
(*Mi **tobillo** está hinchado después de torcérmelo jugando fútbol.*)

5 **Help! Someone *stole* my phone while I was in the store!**
(*¡Ayuda! ¡Alguien **robó** mi teléfono mientras estaba en la tienda!*)

6 **My friend suddenly collapsed and is now *unconscious* .**
(*Mi amigo de repente se desmayó y ahora está **inconsciente**.*)

7 **I think I broke a *bone* in my arm.**
(*Creo que me rompí un **hueso** en el brazo.*)

¡Bien hecho!

Si alguna respuesta te tomó por sorpresa, **repasa el capítulo y vuelve a intentarlo. La práctica te ayudará a dominar el inglés en situaciones de emergencia.**

———

AUDIOLIBRO DE PRONUNCIACIÓN BOOK 2- CHAPTER 3

Usa estos audios a tu favor. **Escucha, repite, imita la pronunciación y pierde el miedo a hablar.** Cuanto más te expongas al inglés, más rápido mejorarás. ¡Tu inglés fluido está a solo unos clics de distancia! 🎙️👂

BOOK 2 - CHAPTER 3

CAPÍTULO 10
¿HACE FRÍO? ¿HACE CALOR?

LAS 4 ESTACIONES EN INGLÉS

El año está dividido en **cuatro estaciones**, cada una con sus propias características climáticas y eventos especiales. A continuación, aprenderemos sus nombres en inglés, cómo se pronuncian y ejemplos prácticos de uso en contexto.

1 *Spring* **(spríng) → Primavera**
 Spring is my favorite season because everything blooms.
 (La primavera es mi estación favorita porque todo florece.)
 In spring, the weather is warm and flowers start to grow.
 (En primavera, el clima es cálido y las flores comienzan a crecer.)
 Spring usually lasts from March to June in the Northern Hemisphere.
 (La primavera generalmente dura de marzo a junio en el hemisferio norte.)

2 *Summer* **(sámer) → Verano**
 Summer is the best time to go to the beach.
 (El verano es el mejor momento para ir a la playa.)
 During summer, the days are longer and the nights are shorter.
 (Durante el verano, los días son más largos y las noches más cortas.)
 In many countries, children have school vacations in summer.
 (En muchos países, los niños tienen vacaciones escolares en verano.)

3 *Autumn / Fall* **(ótoom / fál) → Otoño**
 Autumn is also called fall in the United States.
 (El otoño también se llama **fall** en Estados Unidos.)
 During autumn, leaves change colors and fall from the trees.

(Durante el otoño, las hojas cambian de color y caen de los árboles.)
↪ *Autumn is a season of cool weather and beautiful landscapes.*
(El otoño es una estación de clima fresco y paisajes hermosos.)

4 **Winter (uíntor) → Invierno**
↪ *Winter is the coldest season of the year.*
(El invierno es la estación más fría del año.)
↪ *In some countries, it snows a lot during winter.*
*(En algunos países, **nieva mucho** durante el invierno.)*
↪ *People usually wear coats and scarves in winter.*
(Las personas suelen usar abrigos y bufandas en invierno.)

Notas importantes

✅ En inglés, **las estaciones siempre se escriben con minúscula**, a menos que sean la primera palabra de una oración.

✅ **"Fall"** y **"Autumn"** significan lo mismo, pero **"Fall"** es más común en Estados Unidos, mientras que **"Autumn"** se usa más en Reino Unido.

✅ Cada estación tiene su propio clima y actividades típicas, que veremos más adelante en este capítulo.
¡Practica usando estas palabras en frases propias!

10 PREGUNTAS EN INGLÉS SOBRE EL CLIMA

Hablar sobre el **clima** es una excelente manera de iniciar una conversación. Aquí tienes **10 preguntas comunes** que puedes usar para preguntar sobre el tiempo, junto con su **pronunciación** y **traducción**.

1 *"How's the weather today?"* (jáus de uéder tudéi?)
🔊 *¿Cómo está el clima hoy?*
↪ *"How's the weather today?"*
"It's sunny and warm." (Hace sol y está cálido.)
2 *"What's the weather like in your country?"* (uáts de uéder láik in iór kántri?)
🔊 *¿Cómo es el clima en tu país?*
↪ *"What's the weather like in your country?"*
"It's mostly warm, but winters can be cold." (Generalmente es cálido, pero los inviernos pueden ser fríos.)
3 *"What's your favorite season?"* (uáts iór féivorit síson?)
🔊 *¿Cuál es tu estación favorita?*
↪ *"What's your favorite season?"*
"I love summer because I can go to the beach." (Me encanta el verano porque puedo ir a la playa.)
4 *"Does it snow in your city?"* (dóes it snóu in iór síti?)
🔊 *¿Nieva en tu ciudad?*
↪ *"Does it snow in your city?"*
"Yes, every winter we get a lot of snow." (Sí, cada invierno cae mucha nieve.)
5 *"What's the temperature today?"* (uáts de témpricher tudéi?)
🔊 *¿Cuál es la temperatura hoy?*
↪ *"What's the temperature today?"*
"It's 25 degrees Celsius." (Son 25 grados Celsius.)

6 *"Is it raining outside?"* (is it réinin áutsáid?)

🔊 *¿Está lloviendo afuera?*

☞ *"Is it raining outside?"*

"No, but it looks like it might rain later." (No, pero parece que podría llover más tarde.)

7 *"How hot does it get in the summer?"* (jáu jot dóes it guét in de sámer?)

🔊 *¿Qué tan caluroso se pone el verano?*

☞ *"How hot does it get in the summer?"*

"Sometimes it reaches 40 degrees Celsius!" (¡A veces llega a los 40 grados Celsius!)

8 *"Do you like cold weather?"* (dú iú láik cóuld uéder?)

🔊 *¿Te gusta el clima frío?*

☞ *"Do you like cold weather?"*

"Not really, I prefer warm and sunny days." (No mucho, prefiero los días cálidos y soleados.)

9 *"What do you usually wear in winter?"* (uát dú iú yúshuali uér in uíntor?)

🔊 *¿Qué sueles usar en invierno?*

☞ *"What do you usually wear in winter?"*

"I wear a coat, gloves, and a scarf." (Uso un abrigo, guantes y una bufanda.)

10 *"Does it get very windy in your area?"* (dóes it guét véri uíndi in iór éria?)

🔊 *¿Se pone muy ventoso en tu zona?*

☞ *"Does it get very windy in your area?"*

"Yes, especially in autumn." (Sí, especialmente en otoño.)

Practica estas preguntas y úsalas en conversaciones diarias

◆ Intenta responderlas con tu propia experiencia.

   ◆ Úsalas para hablar sobre el clima con nativos o compañeros de aprendizaje.

   ◆ ¡Aprender a hablar del clima te ayudará a mejorar tu fluidez!

20 PRENDAS DE ROPA PARA DIFERENTES CLIMAS

Dependiendo del clima, usamos diferentes tipos de ropa. Aquí tienes **20 palabras esenciales** para hablar de **prendas de vestir** en inglés, con su **pronunciación**, **traducción** y **ejemplo en contexto**.

☺ **Ropa para climas cálidos**

   1 *T-shirt* (tí-shert) → Camiseta

   ☞ *I always wear a T-shirt in summer because it's too hot.*

   (Siempre uso una camiseta en verano porque hace demasiado calor.)

   2 *Shorts* (shórts) → Pantalones cortos

   ☞ *He packed three pairs of shorts for his trip to the beach.*

   (Empacó tres pares de pantalones cortos para su viaje a la playa.)

   3 *Tank top* (tánk top) → Camiseta sin mangas

   ☞ *A tank top is perfect for hot weather.*

   (Una camiseta sin mangas es perfecta para el clima caluroso.)

   4 *Flip-flops* (flíp-flops) → Sandalias / Chancletas

   ☞ *I always wear flip-flops at the beach.*

*(Siempre uso **sandalias** en la playa.)*

5 **Swimsuit** (suím-sút) → Traje de baño

*I bought a new **swimsuit** for summer vacation.*

*(Compré un nuevo **traje de baño** para las vacaciones de verano.)*

6 **Sunglasses** (sánglases) → Gafas de sol

*Don't forget your **sunglasses**! The sun is too bright.*

*(¡No olvides tus **gafas de sol**! El sol está muy fuerte.)*

7 **Hat** (hát) → Sombrero

*A **hat** helps protect your face from the sun.*

*(Un **sombrero** ayuda a proteger tu cara del sol.)*

8 **Light dress** (láit drés) → Vestido ligero

*She wore a **light dress** because it was very hot.*

*(Ella usó un **vestido ligero** porque hacía mucho calor.)*

Ropa para climas frescos (otoño/primavera)

9 **Jacket** (lláket) → Chaqueta

*I always bring a **jacket** in autumn because the weather changes a lot.*

*(Siempre llevo una **chaqueta** en otoño porque el clima cambia mucho.)*

10 **Sweater** (suéter) → Suéter

*A **sweater** keeps you warm when it's chilly outside.*

*(Un **suéter** te mantiene abrigado cuando hace fresco afuera.)*

11 **Scarf** (scárf) → Bufanda

*She wrapped a **scarf** around her neck to stay warm.*

*(Ella se envolvió una **bufanda** en el cuello para mantenerse caliente.)*

12 **Jeans** (llíns) → Jeans

Jeans are perfect for autumn because they are comfortable and warm.

*(Los **jeans** son perfectos para el otoño porque son cómodos y abrigados.)*

13 **Boots** (búts) → Botas

*I wear **boots** when it's raining.*

*(Uso **botas** cuando está lloviendo.)*

Ropa para climas fríos (invierno)

14 **Coat** (kóut) → Abrigo

*You need a **coat** in winter because it gets very cold.*

*(Necesitas un **abrigo** en invierno porque hace mucho frío.)*

15 **Gloves** (glóvs) → Guantes

*My hands get cold, so I always wear **gloves** in winter.*

*(Mis manos se enfrían, así que siempre uso **guantes** en invierno.)*

16 **Wool hat** (wúl hát) → Gorro de lana

*He wore a **wool hat** to protect his ears from the cold.*

*(Usó un **gorro de lana** para proteger sus orejas del frío.)*

17 **Thermal socks** (térmal sóks) → Calcetines térmicos

Thermal socks are great for freezing temperatures.

*(Los **calcetines térmicos** son ideales para temperaturas heladas.)*

18 **Heavy coat** (hévi kóut) → Abrigo grueso

*You need a **heavy coat** if you visit a snowy country.*

*(Necesitas un **abrigo grueso** si visitas un país con nieve.)*

1 9 ***Ear muffs*** (ír mófs) → Orejeras

☞ *She bought **ear muffs** to keep her ears warm.*

*(Compró **orejeras** para mantener sus orejas calientes.)*

2 0 ***Snow boots*** (snóu búts) → Botas para la nieve

☞ *He wore **snow boots** because it was icy outside.*

*(Usó **botas para la nieve** porque el suelo estaba helado.)*

Notas importantes

☑ **En inglés, las prendas de ropa no llevan artículos definidos** ("the", "a") cuando se habla de ellas en general. Se dice:

◆ *I always wear **jeans** in winter. (Siempre uso jeans en invierno.)*

◆ *He bought **boots** for the trip. (Él compró botas para el viaje.)*

☑ **"Pants"** en inglés americano se refiere a "pantalones", mientras que en inglés británico significa "ropa interior". Para evitar confusiones, en el Reino Unido es mejor decir **"trousers"**.

☑ Muchas palabras para ropa en inglés son **incontables** (no tienen plural), como *clothing* o *footwear*. Sin embargo, algunas se usan solo en plural, como *jeans*, *shorts* o *glasses*.

¡Ahora intenta usar estas palabras en frases propias y practica describiendo la ropa que usas en cada estación!

15 PALABRAS SOBRE FESTIVIDADES EN INGLÉS

Las **festividades** son una parte importante de la cultura y el idioma. A continuación, aprenderás **15 palabras esenciales** relacionadas con celebraciones, con su **pronunciación**, **traducción** y **ejemplo práctico** en contexto.

🎄 **Festividades y celebraciones generales**

1 ***Holiday*** (jóli-dei) → Día festivo / Vacaciones

☞ *Christmas is my favorite **holiday** of the year.*

*(Navidad es mi **día festivo** favorito del año.)*

2 ***Celebration*** (sélebreishon) → Celebración

☞ *We had a big **celebration** for my dad's birthday.*

*(Hicimos una gran **celebración** para el cumpleaños de mi papá.)*

3 ***Party*** (párti) → Fiesta

☞ *Are you coming to Sarah's birthday **party** tonight?*

*(¿Vas a venir a la **fiesta** de cumpleaños de Sarah esta noche?)*

4 ***Tradition*** (tradíshon) → Tradición

☞ *One of our family **traditions** is eating turkey on Thanksgiving.*

*(Una de nuestras **tradiciones** familiares es comer pavo en Acción de Gracias.)*

5 ***Fireworks*** (fáier-uórks) → Fuegos artificiales

☞ *There were amazing **fireworks** on New Year's Eve.*

*(Hubo increíbles **fuegos artificiales** en la víspera de Año Nuevo.)*

🎆 **Festividades específicas**

6 ***Christmas*** (krísmas) → Navidad

☞ *We always decorate a tree for* **Christmas***.*
(Siempre decoramos un árbol para **Navidad***.)*

7 **New Year's Eve** (niú yíers íiv) → Víspera de Año Nuevo

☞ *We celebrate* **New Year's Eve** *with family and friends.*
(Celebramos la **Víspera de Año Nuevo** *con familia y amigos.)*

8 **Halloween** (jálouín) → Halloween

☞ *Kids love dressing up for* **Halloween***.*
(A los niños les encanta disfrazarse en **Halloween***.)*

9 **Thanksgiving** (zánk-sgíving) → Día de Acción de Gracias

☞ *We had a big dinner for* **Thanksgiving***.*
(Tuvimos una gran cena para **Acción de Gracias***.)*

10 **Easter** (íster) → Pascua

☞ *Children love the* **Easter** *egg hunt.*
(A los niños les encanta la búsqueda de huevos de **Pascua***.)*

✴ Elementos y objetos de las festividades

11 **Costume** (kóstium) → Disfraz

☞ *He wore a pirate* **costume** *for the Halloween party.*
(Él usó un **disfraz** *de pirata para la fiesta de Halloween.)*

12 **Candle** (kándol) → Vela

☞ *We lit a* **candle** *for the Christmas dinner.*
(Encendimos una **vela** *para la cena de Navidad.)*

13 **Gift / Present** (guíft / présent) → Regalo

☞ *I got a beautiful* **gift** *for my birthday.*
(Recibí un hermoso **regalo** *por mi cumpleaños.)*

14 **Cake** (kéik) → Pastel / Torta

☞ *We baked a chocolate* **cake** *for her birthday.*
(Horneamos un **pastel** *de chocolate para su cumpleaños.)*

15 **Decoration** (dekoreishon) → Decoración

☞ *The house looked amazing with all the Christmas* **decorations***.*
(La casa se veía increíble con todas las **decoraciones** *navideñas.)*

Notas importantes

☑ **"Holiday"** en inglés americano significa "día festivo", pero en inglés británico también puede referirse a "vacaciones".

☑ **"Gift"** y **"present"** son sinónimos y ambos significan "regalo".

☑ Muchas festividades tienen **elementos y costumbres únicas**, como **trajes típicos, comidas especiales y eventos familiares**.

¡Ahora intenta usar estas palabras en frases propias y practica hablando sobre tus festividades favoritas!

EJERCICIOS PRÁCTICOS – CAPÍTULO 10: TEMPORALIDADES, CLIMA Y FESTIVIDADES

A continuación, completa los siguientes **20 ejercicios** relacionados con **las estaciones, el clima, la ropa según el clima y las festividades.**

> ✎ ¡Ojo! (si estás en versión eBook) Como en el eBook no se puede escribir directamente, toma tu cuaderno favorito o una hoja suelta para apuntar tus respuestas. Así lo aprovechas al máximo y aprendes mucho más. ¡Manos a la obra!

Ejercicios sobre estaciones y clima

1 **Completa la oración con la estación correcta:**

- In _____, the leaves change colors and fall from the trees.
- _(En _____, *las hojas cambian de color y caen de los árboles.*)

2 **Relaciona la estación con su característica climática:**

- **Spring** → a) It's cold and snowy.
- **Summer** → b) The flowers bloom and the weather is warm.
- **Autumn/Fall** → c) It's very hot, and the days are longer.
- **Winter** → d) The leaves fall from the trees.

3 **Elige la opción correcta:**

- What's the weather like today?
- a) It's Monday.
- b) It's sunny and warm.
- c) It's a blue car.

4 **Ordena las palabras para formar una pregunta correcta sobre el clima:**

- today / the / how / weather / is / ?

5 **Completa con una palabra de clima adecuada:**

- I always take my umbrella because it's _____ a lot in my city.
- (*Siempre llevo mi paraguas porque en mi ciudad* _____ *mucho.*)

6 **Verdadero o falso:** En inglés, "fall" y "autumn" significan lo mismo.

7 **Elige la opción correcta:**

- If it's freezing outside, you should wear:
- a) A swimsuit
- b) A T-shirt
- c) A coat and gloves

Ejercicios sobre ropa según el clima

8 **Relaciona la prenda con la estación en la que es más común usarla:**

- **Swimsuit** → a) Winter
- **Sweater** → b) Summer
- **Scarf** → c) Spring
- **Shorts** → d) Autumn

9 **Completa la frase con una prenda adecuada:**

- In winter, I wear a _____ to keep my hands warm.
- *(En invierno, uso _____ para mantener mis manos calientes.)*

10 **Elige la opción correcta:**

- What do people usually wear in summer?
- a) Jackets and scarves
- b) Shorts and T-shirts
- c) Boots and gloves

Instrucciones: Intenta completar cada oración con lo que has aprendido en este capítulo sobre **las estaciones, el clima, la ropa y las festividades**.

¡Practica y pon a prueba lo que has aprendido!

─────

RESPUESTAS DE LOS EJERCICIOS DEL CAPÍTULO 4

Aquí tienes las respuestas correctas para los **20 ejercicios** sobre **las estaciones, el clima, la ropa y las festividades**.

Respuestas sobre estaciones y clima

1 **Completa la oración con la estación correcta:**

- In **autumn/fall**, the leaves change colors and fall from the trees.
- *(En **otoño**, las hojas cambian de color y caen de los árboles.)*

2 **Relaciona la estación con su característica climática:**

- **Spring** → **b)** The flowers bloom and the weather is warm.
- **Summer** → **c)** It's very hot, and the days are longer.
- **Autumn/Fall** → **d)** The leaves fall from the trees.
- **Winter** → **a)** It's cold and snowy.

3 **Elige la opción correcta:**

- **b) It's sunny and warm.**

4 Ordena las palabras para formar una pregunta correcta sobre el clima:

- **How is the weather today?**

5 Completa con una palabra de clima adecuada:

- I always take my umbrella because it's **raining** a lot in my city.
- *(Siempre llevo mi paraguas porque en mi ciudad **llueve** mucho.)*

6 Verdadero o falso:

- **Verdadero** ✅ → En inglés, *fall* y *autumn* significan lo mismo.

7 Elige la opción correcta:

- If it's freezing outside, you should wear:
- **c) A coat and gloves.**

👕👗 Respuestas sobre ropa según el clima
8 Relaciona la prenda con la estación en la que es más común usarla:

- **Swimsuit** → **b)** Summer
- **Sweater** → **d)** Autumn
- **Scarf** → **a)** Winter
- **Shorts** → **c)** Spring

9 Completa la frase con una prenda adecuada:

- In winter, I wear **gloves** to keep my hands warm.
- *(En invierno, uso **guantes** para mantener mis manos calientes.)*

10 Elige la opción correcta:

- What do people usually wear in summer?
- **b) Shorts and T-shirts**

¡Bien hecho!
Si alguna respuesta te tomó por sorpresa, **repasa el capítulo y vuelve a intentarlo. La práctica hace al maestro!**

———

AUDIOLIBRO DE PRONUNCIACIÓN BOOK 2- CHAPTER 4

Usa estos audios a tu favor. **Escucha, repite, imita la pronunciación y pierde el miedo a hablar**. Cuanto más te expongas al inglés, más rápido mejorarás. ¡Tu inglés fluido está a solo unos clics de distancia! 🚀📖

CAPÍTULO 11
¿ERES DEPORTISTA?

20 PALABRAS RELACIONADAS CON DEPORTES EN INGLÉS

E l **deporte** es un tema muy común en conversaciones cotidianas, por lo que es útil conocer el vocabulario relacionado. Aquí tienes **20 palabras esenciales**, con su **pronunciación, traducción** y un **ejemplo en contexto** para que amplíes tu vocabulario en inglés.

DEPORTES Y ACTIVIDADES DEPORTIVAS

1. ***Soccer / Football (UK)*** (sóker / fútbol) → Fútbol
   *I play **soccer** every Saturday with my friends.*
   (Juego **fútbol** todos los sábados con mis amigos.)

   2. ***Basketball*** (básketbol) → Baloncesto / Básquet
   *Michael Jordan is a **basketball** legend.*
   (Michael Jordan es una leyenda del **baloncesto**.)

   3. ***Tennis*** (ténis) → Tenis
   *She is taking **tennis** lessons at the sports club.*
   (Ella está tomando clases de **tenis** en el club deportivo.)

   4. ***Swimming*** (suíming) → Natación
   *I love **swimming** in the summer.*
   (Me encanta la **natación** en verano.)

   5. ***Running*** (róning) → Correr
   *He goes **running** every morning before work.*
   (Él sale a **correr** todas las mañanas antes del trabajo.)

   6. ***Cycling*** (sáikling) → Ciclismo
   *Professional **cycling** races are very intense.*
   (Las carreras de **ciclismo** profesional son muy intensas.)

   7. ***Baseball*** (béisbol) → Béisbol
   *The Yankees are a famous **baseball** team.*

*(Los Yankees son un equipo famoso de **béisbol**.)*

8 **Golf** (gólf) → Golf

☞ My grandfather plays **golf** every weekend.

*(Mi abuelo juega **golf** todos los fines de semana.)*

9 **Volleyball** (vólibol) → Voleibol

☞ We played **volleyball** on the beach yesterday.

*(Ayer jugamos **voleibol** en la playa.)*

10 **Martial arts** (márshal árts) → Artes marciales

☞ He has practiced **martial arts** since he was ten.

*(Ha practicado **artes marciales** desde que tenía diez años.)*

🏆 Equipamiento y términos deportivos

11 **Team** (tíim) → Equipo

☞ My **team** won the championship!

*(¡Mi **equipo** ganó el campeonato!)*

12 **Coach** (kóuch) → Entrenador/a

☞ Our **coach** motivates us before every game.

*(Nuestro **entrenador** nos motiva antes de cada partido.)*

13 **Referee** (réfarii) → Árbitro

☞ The **referee** made a fair decision.

*(El **árbitro** tomó una decisión justa.)*

14 **Score** (skór) → Puntuación / Marcador

☞ What's the **score** of the game?

*(¿Cuál es la **puntuación** del partido?)*

15 **Goal** (góul) → Gol / Meta

☞ He scored three **goals** in the final match!

*(¡Marcó tres **goles** en el partido final!)*

16 **Training** (tréining) → Entrenamiento

☞ We have **training** every afternoon.

*(Tenemos **entrenamiento** todas las tardes.)*

17 **Stadium** (stéidium) → Estadio

☞ The final will take place in the national **stadium**.

*(La final se jugará en el **estadio** nacional.)*

18 **Helmet** (jélmet) → Casco

☞ You need to wear a **helmet** when cycling.

*(Debes usar un **casco** cuando andes en bicicleta.)*

19 **Tournament** (tórnament) → Torneo

☞ The city is hosting an international **tournament**.

*(La ciudad está organizando un **torneo** internacional.)*

20 **Medal** (médal) → Medalla

☞ She won a gold **medal** in the Olympics.

*(Ganó una **medalla** de oro en los Juegos Olímpicos.)*

Notas importantes

✅ En **Estados Unidos**, el fútbol se llama *"soccer"*, mientras que en **Reino Unido** se usa la palabra *"football"*.

☑ *"Score"* se usa para hablar de la puntuación en cualquier deporte.

☑ *"Training"* se usa para describir sesiones de práctica en deportes y otras actividades.

30 PALABRAS SOBRE LUGARES PARA EJERCITARSE O HACER DEPORTE

Existen muchos lugares donde podemos practicar deportes o hacer ejercicio. A continuación, te presento **30 palabras esenciales** relacionadas con estos espacios, junto con su **pronunciación**, **traducción** y **ejemplo práctico** en contexto.

⚽ Lugares generales para hacer deporte y ejercicio

1 *Gym* (yím) → Gimnasio

*I go to the **gym** three times a week.*

(*Voy al **gimnasio** tres veces a la semana.*)

2 *Stadium* (stéidium) → Estadio

*The football match will be in the national **stadium**.*

(*El partido de fútbol será en el **estadio** nacional.*)

3 *Sports center* (spórts sénter) → Centro deportivo

*The new **sports center** has a swimming pool and a gym.*

(*El nuevo **centro deportivo** tiene una piscina y un gimnasio.*)

4 *Athletics track* (azlétiks trák) → Pista de atletismo

*He trains every day on the **athletics track**.*

(*Él entrena todos los días en la **pista de atletismo**.*)

5 *Swimming pool* (suíming púul) → Piscina

*I love going to the **swimming pool** in summer.*

(*Me encanta ir a la **piscina** en verano.*)

6 *Tennis court* (ténis kort) → Cancha de tenis

*We played on a clay **tennis court**.*

(*Jugamos en una **cancha de tenis** de arcilla.*)

7 *Football field / Soccer field* (fútbol fíld / sóker fíld) → Campo de fútbol

*The school has a big **football field** for the students.*

(*La escuela tiene un gran **campo de fútbol** para los estudiantes.*)

8 *Basketball court* (básketbol kort) → Cancha de baloncesto

*There's a **basketball court** near my house.*

(*Hay una **cancha de baloncesto** cerca de mi casa.*)

9 *Golf course* (gólf kórs) → Campo de golf

*This is the best **golf course** in the country.*

(*Este es el mejor **campo de golf** del país.*)

10 *Hiking trail* (jáiking tréil) → Sendero para caminatas

*We took a beautiful **hiking trail** through the mountains.*

(*Tomamos un hermoso **sendero para caminatas** a través de las montañas.*)

🏋 Espacios y áreas dentro del gimnasio

11 *Weight room* (uéit rúm) → Sala de pesas

*He spends most of his time in the **weight room** lifting weights.*

*(Pasa la mayor parte del tiempo en la **sala de pesas** levantando pesas.)*

1 2 **Cardio area** (kárdio éria) → Área de cardio

The **cardio area** has treadmills and exercise bikes.

*(El **área de cardio** tiene cintas de correr y bicicletas estáticas.)*

1 3 **Locker room** (lóker rúm) → Vestuario

I left my bag in the **locker room** before my workout.

*(Dejé mi bolso en el **vestuario** antes de mi entrenamiento.)*

1 4 **Changing room** (chénllin rúm) → Vestidor

The **changing room** is next to the showers.

*(El **vestidor** está al lado de las duchas.)*

1 5 **Sauna** (sána) → Sauna

After exercising, I like to relax in the **sauna**.

*(Después de hacer ejercicio, me gusta relajarme en la **sauna**.)*

1 6 **Yoga studio** (ióga stúudio) → Estudio de yoga

She practices meditation in the **yoga studio**.

*(Ella practica meditación en el **estudio de yoga**.)*

1 7 **Aerobics room** (eiróubiks rúm) → Sala de aeróbicos

The **aerobics room** is used for Zumba classes.

*(La **sala de aeróbicos** se usa para clases de Zumba.)*

1 8 **Spin room** (spín rúm) → Sala de spinning

There's a cycling class in the **spin room** at 6 PM.

*(Hay una clase de ciclismo en la **sala de spinning** a las 6 PM.)*

1 9 **Boxing ring** (bóksing ring) → Ring de boxeo

The **boxing ring** is located in the basement of the gym.

*(El **ring de boxeo** está en el sótano del gimnasio.)*

2 0 **Climbing wall** (kláimbing uól) → Muro de escalada

There is a new **climbing wall** at the sports center.

*(Hay un nuevo **muro de escalada** en el centro deportivo.)*

Lugares al aire libre para ejercitarse

2 1 **Running track** (róning trák) → Pista para correr

The **running track** is open to the public.

*(La **pista para correr** está abierta al público.)*

2 2 **Outdoor gym** (áutdor yím) → Gimnasio al aire libre

Many parks now have an **outdoor gym** with exercise machines.

*(Muchos parques ahora tienen un **gimnasio al aire libre** con máquinas de ejercicio.)*

2 3 **Bike path** (báik paz) → Ciclovía / Sendero para bicicletas

I take the **bike path** to work every morning.

*(Uso la **ciclovía** para ir al trabajo todas las mañanas.)*

2 4 **Park** (párk) → Parque

I like doing yoga in the **park** in the mornings.

*(Me gusta hacer yoga en el **parque** por las mañanas.)*

2 5 **Skate park** (skéit párk) → Parque de skate

There's a new **skate park** downtown.

*(Hay un nuevo **parque de skate** en el centro.)*

2 6 **Football pitch (UK) / Soccer field (US)** (fútbol pích / sóker fíld) → Cancha de fútbol

We played a match on the new **football pitch**.

(Jugamos un partido en la nueva **cancha de fútbol**.)

2 7 **Ice rink** (áis rink) → Pista de patinaje sobre hielo

We went to the **ice rink** to practice skating.

(Fuimos a la **pista de patinaje sobre hielo** para practicar.)

2 8 **Bowling alley** (bóuling áli) → Bolera

Let's go to the **bowling alley** this weekend!

(¡Vamos a la **bolera** este fin de semana!)

2 9 **Race track** (réis trák) → Pista de carreras

The Formula 1 event will be at the **race track**.

(El evento de Fórmula 1 será en la **pista de carreras**.)

3 0 **Ski resort** (ski rizórt) → Estación de esquí

We're going to a **ski resort** for the holidays.

(Vamos a una **estación de esquí** para las vacaciones.)

¡Ahora intenta usar estas palabras en frases propias y practica hablando sobre los lugares donde haces ejercicio!

20 PALABRAS RELACIONADAS CON EL GIMNASIO Y EL EJERCICIO

El gimnasio y el ejercicio tienen un vocabulario propio que es útil conocer si planeas entrenar o hablar sobre fitness en inglés. Aquí tienes **20 palabras esenciales**, con su **pronunciación**, **traducción** y un **ejemplo en contexto** para que amplíes tu vocabulario.

Equipamiento y accesorios de entrenamiento

1 **Dumbbells** (dómbels) → Mancuernas

I use **dumbbells** to strengthen my arms.

(Uso **mancuernas** para fortalecer mis brazos.)

2 **Barbell** (bárbel) → Barra de pesas

He lifted a heavy **barbell** during his workout.

(Él levantó una **barra de pesas** durante su entrenamiento.)

3 **Treadmill** (trédmil) → Cinta de correr

I run on the **treadmill** for 30 minutes every day.

(Corro en la **cinta de correr** durante 30 minutos todos los días.)

4 **Exercise bike** (éksersáis báik) → Bicicleta estática

She prefers the **exercise bike** instead of running.

(Ella prefiere la **bicicleta estática** en lugar de correr.)

5 **Pull-up bar** (púl-ap bár) → Barra de dominadas

I installed a **pull-up bar** at home for upper body exercises.

(Instalé una **barra de dominadas** en casa para ejercicios de la parte superior del cuerpo.)

6 **Kettlebell** (kételbel) → Pesa rusa

Kettlebell exercises are great for strength training.

(Los ejercicios con **pesas rusas** son excelentes para el entrenamiento de fuerza.)

7 **Jump rope** (llómp róup) → Cuerda para saltar

☞ *I warm up with a **jump rope** before lifting weights.*
(Caliento con una **cuerda para saltar** antes de levantar pesas.)

8 **Resistance band** (risístens bánd) → Banda de resistencia

☞ *She uses a **resistance band** to improve flexibility.*
(Ella usa una **banda de resistencia** para mejorar la flexibilidad.)

Tipos de ejercicios y entrenamientos

9 **Reps (Repetitions)** (reps) → Repeticiones

☞ *Do 15 **reps** of this exercise for each set.*
(Haz 15 **repeticiones** de este ejercicio en cada serie.)

10 **Sets** (sets) → Series

☞ *I usually do 3 **sets** of each exercise.*
(Normalmente hago 3 **series** de cada ejercicio.)

11 **Warm-up** (uórm-ap) → Calentamiento

☞ *A proper **warm-up** prevents injuries.*
(Un buen **calentamiento** previene lesiones.)

12 **Cool down** (kúl dáun) → Enfriamiento

☞ *After running, I do a **cool down** to relax my muscles.*
(Después de correr, hago un **enfriamiento** para relajar mis músculos.)

13 **Stretching** (strétching) → Estiramiento

☞ *Stretching is important to avoid injuries.*
(El **estiramiento** es importante para evitar lesiones.)

14 **Cardio** (kárdio) → Ejercicio cardiovascular

☞ *I do **cardio** three times a week.*
(Hago **ejercicio cardiovascular** tres veces a la semana.)

15 **Strength training** (strénz tréining) → Entrenamiento de fuerza

☞ *He focuses on **strength training** to build muscle.*
(Él se enfoca en el **entrenamiento de fuerza** para desarrollar músculo.)

16 **HIIT (High-Intensity Interval Training)** (jít) → Entrenamiento de alta intensidad

☞ *HIIT workouts are short but very effective.*
(Los entrenamientos **HIIT** son cortos pero muy efectivos.)

Conceptos y hábitos en el gimnasio

17 **Muscle soreness** (mósl sórnes) → Dolor muscular

☞ *I have **muscle soreness** after yesterday's workout.*
(Tengo **dolor muscular** después del entrenamiento de ayer.)

18 **Personal trainer** (pérsonal tréiner) → Entrenador personal

☞ *A **personal trainer** can help you reach your fitness goals.*
(Un **entrenador personal** puede ayudarte a alcanzar tus objetivos de acondicionamiento físico.)

19 **Protein shake** (prótein shéik) → Batido de proteínas

☞ *I drink a **protein shake** after my workout.*
(Tomo un **batido de proteínas** después de mi entrenamiento.)

20 **Gym membership** (yím mémbership) → Membresía de gimnasio

☞ *I just renewed my **gym membership** for another year.*

*(Acabo de renovar mi **membresía de gimnasio** por otro año.)*

Notas importantes

☑ *"Reps"* se refiere a la cantidad de veces que repites un ejercicio en una serie.

☑ *"HIIT"* es un método de entrenamiento muy popular que combina periodos cortos de ejercicio intenso con descansos.

☑ *"Muscle soreness"* es el dolor que sientes después de hacer ejercicio, especialmente si es tu primera vez o cambiaste tu rutina.

¡Ahora intenta usar estas palabras en frases propias y practica hablando sobre entrenamientos y ejercicios!

_____

EJERCICIOS SOBRE DEPORTES Y ACTIVIDADES DEPORTIVAS

✎ ¡Ojo! (si estás en versión eBook) Como en el eBook no se puede escribir directamente, toma tu cuaderno favorito o una hoja suelta para apuntar tus respuestas. Así lo aprovechas al máximo y aprendes mucho más. ¡Manos a la obra!

1 **Completa la oración con el deporte correcto:**

- _____ is played with a round ball and two goals.
- *(El _____ se juega con un balón redondo y dos porterías.)*

2 **Relaciona el deporte con su equipo necesario:**

- **Tennis** → a) Ball and basket
- **Basketball** → b) Bat and gloves
- **Baseball** → c) Racket and net

3 **Elige la opción correcta:**

- What is the main sport played in the NBA?
- a) Soccer
- b) Tennis
- c) Basketball

4 **Ordena las palabras para formar una pregunta correcta sobre deportes:**

- your / what / favorite / sport / is / ?

5 **Completa la oración con una palabra adecuada:**

- The referee showed a red _____ to the player.
- *(El árbitro mostró una _____ roja al jugador.)*

6 **Verdadero o falso:**

- The word "soccer" is commonly used in the UK.

7 **Elige la opción correcta:**

- If you win first place in a race, you receive:
- a) A ticket
- b) A medal
- c) A backpack

Ejercicios sobre gimnasios y entrenamiento

8 **Relaciona el equipo de gimnasio con su función:**

- **Dumbbells** → a) For leg exercises
- **Treadmill** → b) For cardio and running
- **Exercise bike** → c) For weightlifting

9 **Completa la frase con una palabra de gimnasio adecuada:**

- I always start my workout with a _____ to avoid injuries.
- (*Siempre comienzo mi entrenamiento con un _____ para evitar lesiones.*)

10 **Elige la opción correcta:**

- What do people usually do in the weight room?
- a) Swim
- b) Lift weights
- c) Play soccer

Instrucciones: Intenta completar cada oración con lo que has aprendido en este capítulo sobre **deportes, gimnasios, lugares para ejercitarse y vocabulario de entrenamiento.**

¡**Practica y pon a prueba lo que has aprendido!**

—————

RESPUESTAS DE LOS EJERCICIOS DEL CAPÍTULO 5

Aquí tienes las respuestas correctas para los **20 ejercicios** sobre **deportes, gimnasios y entrenamiento.**

Respuestas sobre deportes y actividades deportivas

1 **Completa la oración con el deporte correcto:**

- **Soccer** is played with a round ball and two goals.

- *(El **fútbol** se juega con un balón redondo y dos porterías.)*

2 Relaciona el deporte con su equipo necesario:

- **Tennis** → **c)** Racket and net
- **Basketball** → **a)** Ball and basket
- **Baseball** → **b)** Bat and gloves

3 Elige la opción correcta:

- What is the main sport played in the NBA?
- ☑ **c) Basketball**

4 Ordena las palabras para formar una pregunta correcta sobre deportes:

- **What is your favorite sport?**

5 Completa la oración con una palabra adecuada:

- The referee showed a red **card** to the player.
- *(El árbitro mostró una **tarjeta** roja al jugador.)*

6 Verdadero o falso:

- **Falso** ✕ → La palabra "soccer" es comúnmente usada en EE.UU., no en el Reino Unido.

7 Elige la opción correcta:

- If you win first place in a race, you receive:
- ☑ **b) A medal**

Respuestas sobre gimnasios y entrenamiento
8 Relaciona el equipo de gimnasio con su función:

- **Dumbbells** → **c)** For weightlifting
- **Treadmill** → **b)** For cardio and running
- **Exercise bike** → **a)** For leg exercises

9 Completa la frase con una palabra de gimnasio adecuada:

- I always start my workout with a **warm-up** to avoid injuries.
- *(Siempre comienzo mi entrenamiento con un **calentamiento** para evitar lesiones.)*

10 Elige la opción correcta:

- What do people usually do in the weight room?

- ☑️ **b) Lift weights**

¡Bien hecho!

Si alguna respuesta te tomó por sorpresa, **repasa el capítulo y vuelve a intentarlo. La práctica te ayudará a mejorar tu fluidez en inglés!**

———

AUDIOLIBRO DE PRONUNCIACIÓN BOOK 2- CHAPTER 5

Usa estos audios a tu favor. **Escucha, repite, imita la pronunciación y pierde el miedo a hablar.** Cuanto más te expongas al inglés, más rápido mejorarás. ¡Tu inglés fluido está a solo unos clics de distancia! 🚀👣

TU VIAJE AL INGLÉS FLUIDO ACABA DE COMENZAR

¡Y así, llegamos al final de este libro! Pero espera… ¿final? En realidad, **este es solo el comienzo de tu camino hacia el inglés fluido**. A lo largo de estos capítulos, hemos recorrido juntos un montón de situaciones de la vida real, aprendiendo palabras y frases esenciales que te ayudarán a sentirte más seguro y preparado en cualquier conversación.

Hemos hablado de **fechas, horarios, lugares, trabajo, emergencias, deportes, festividades y mucho más**. Ahora, no solo tienes una base sólida de vocabulario, sino también el conocimiento para aplicarlo en situaciones reales. **Y lo mejor de todo**: ¡lo hicimos de manera simple, sin estrés y con ejemplos que realmente puedes usar en tu día a día!

Pero aprender un idioma no se trata solo de memorizar palabras, **se trata de usarlo, vivirlo, disfrutarlo**. Y ahí está el verdadero secreto: **la práctica constante**. No tienes que hablar perfecto, ni saber todas las palabras del diccionario. Solo necesitas **dar un paso cada día** y confiar en que estás avanzando.

¿Y AHORA QUÉ?

Ahora es momento de que pongas en práctica todo lo aprendido. **Habla, escucha, escribe, repite**. Usa las palabras de este libro en conversaciones, en tus notas diarias o incluso en tus pensamientos. **Cuanto más lo uses, más natural se volverá.**

Recuerda: **cada palabra nueva que aprendes es una herramienta más en tu camino hacia la fluidez**. No te preocupes si a veces olvidas algo, **lo importante es seguir adelante**.

Sigue aprendiendo con nosotros

Si te ha gustado este libro, **tenemos más sorpresas para ti**. Este es solo uno de los muchos pasos que podemos dar juntos. **Sigue expandiendo tu vocabulario, perfecciona tu pronunciación y sigue practicando con nuestras próximas ediciones.**

El inglés ya es parte de tu vida. Ahora, sigue adelante y úsalo con confianza.

¡Nos vemos en el próximo libro!

Let's keep learning together!

LIBRO 3: APRENDER INGLÉS FÁCILMENTE PARA ADULTOS - NIVEL PRINCIPIANTES

CAPÍTULO 12
A STORY OF STRENGTH AND HEALING

THE HANDS THAT HEAL

Dr. Olivia Carter had spent years perfecting the art of healing. Her **hands** had saved lives, her **eyes** had seen both joy and despair, and her **heart** had never lost the passion for helping others.

One stormy night, as she was finishing her shift at the hospital, a young man was rushed into the emergency room. He was unconscious, his **head** bleeding from a deep cut, and his **legs** covered in bruises. The paramedics quickly explained, "He was in a terrible car accident. We need to act fast."

Dr. Carter took a deep **breath** and examined his **pulse**. It was weak, but steady. "We need to stop the bleeding immediately," she instructed her team. She put on her gloves, pressed a cloth against his **forehead**, and carefully checked for fractures.

Minutes felt like hours as they worked tirelessly. The nurses cleaned his wounds while Dr. Carter stitched the deep cut on his **arm**. Finally, his **eyes** fluttered open.

"Where am I?" he whispered, his **voice** weak.

"You're safe now," Dr. Carter said, giving him a reassuring **smile**. "You had a bad accident, but you're going to be okay."

He tried to sit up, but she gently placed her **hand** on his **shoulder**. "Not so fast. You need to rest."

Over the next few days, the young man—whose name was Alex—slowly recovered. Dr. Carter visited him daily, checking his **legs**, monitoring his **heart rate**, and making sure his **bones** were healing properly.

One morning, he looked at her with gratitude in his **eyes**. "Thank you, doctor. You saved my life."

Dr. Carter simply smiled. "I did my job. Now, promise me you'll take care of yourself."

Alex nodded, but then his **lips** curved into a mischievous grin. "Does that mean I don't have to go to physical therapy?"

She laughed. "Nice try, but no. You need to **move** your **muscles**, strengthen your **bones**, and regain your full mobility. You'll be running in no time."

A month later, Alex returned to the hospital—not as a patient, but as a visitor. With a bouquet of flowers in his **hands**, he thanked Dr. Carter once again.

"I came to show you something," he said. Then, taking a deep **breath**, he took a confident step forward.

Dr. Carter clapped her **hands** together. "I knew you could do it!"

As he left, she looked around the hospital, hearing the beeping monitors and the hurried footsteps of nurses. She knew that each day, she would continue using her **hands**, **eyes**, and **heart** to make a difference.

Because healing wasn't just about medicine—it was about **hope**.

COMPREHENSION QUESTIONS (PREGUNTAS DE COMPRENSIÓN)

> ✎ ¡Ojo! (si estás en versión eBook) Como en el eBook no se puede escribir directamente, toma tu cuaderno favorito o una hoja suelta para apuntar tus respuestas. Así lo aprovechas al máximo y aprendes mucho más. ¡Manos a la obra!

1 What was Dr. Olivia Carter's profession?
(*¿Cuál era la profesión de la Dra. Olivia Carter?*)

2 What happened to the young man who was brought to the hospital?
(*¿Qué le pasó al joven que llevaron al hospital?*)

3 How did Dr. Carter respond when Alex tried to sit up too quickly?
(*¿Cómo reaccionó la Dra. Carter cuando Alex intentó sentarse demasiado rápido?*)

4 What part of Alex's body was bleeding when he arrived at the hospital?
(*¿Qué parte del cuerpo de Alex estaba sangrando cuando llegó al hospital?*)

5 How did Alex thank Dr. Carter a month later?
(*¿Cómo le agradeció Alex a la Dra. Carter un mes después?*)

6 Why did Dr. Carter say that Alex needed physical therapy?
(*¿Por qué la Dra. Carter dijo que Alex necesitaba terapia física?*)

7 What was Dr. Carter doing when Alex took his first confident step?
(*¿Qué estaba haciendo la Dra. Carter cuando Alex dio su primer paso con confianza?*)

8 What did Dr. Carter believe healing was about?
(*¿Sobre qué creía la Dra. Carter que trataba la curación?*)

9 How did Alex feel when he first woke up?
(*¿Cómo se sintió Alex cuando despertó por primera vez?*)

10 Why do you think the story is called "The Hands That Heal"?
(*¿Por qué crees que la historia se llama "Las manos que curan"?*)

✓ True or False (Verdadero o Falso)

1 Dr. Carter was a firefighter. (*Falso*)
2 The young man had a deep cut on his arm. (*Verdadero*)
3 Dr. Carter ignored Alex when he woke up. (*Falso*)
4 Alex tried to avoid physical therapy. (*Verdadero*)
5 Dr. Carter only cared about medicine, not her patients. (*Falso*)
6 Alex brought chocolates to Dr. Carter as a thank-you gift. (*Falso*)
7 The nurses helped clean Alex's wounds. (*Verdadero*)
8 Dr. Carter told Alex he didn't need to move his muscles to recover. (*Falso*)
9 The story takes place during the summer. (*No se menciona, pero probablemente falso*)
10 Alex fully recovered and was able to walk again. (*Verdadero*)

GRAMMAR AND VOCABULARY HIGHLIGHTS (PUNTOS CLAVES DE GRAMÁTICA Y VOCABULARIO)

☑ **Parts of the body (Partes del cuerpo):** hands, head, legs, pulse, forehead, shoulder, heart, etc.

☑ **Actions (Acciones médicas y físicas):** move, breathe, examine, monitor, recover, etc.

☑ **Medical Terms (Términos médicos básicos):** bleeding, fracture, wound, stitches, therapy, etc.

☑ **Expressions in medical context (Expresiones comunes en contextos médicos):**

- "You're safe now." *(Estás a salvo ahora.)*
- "Take a deep breath." *(Toma un respiro profundo.)*
- "We need to stop the bleeding immediately." *(Necesitamos detener el sangrado inmediatamente.)*

Now it's your turn!

- **Answer the comprehension questions in your own words.**
- **Try using some of the vocabulary words in sentences.**
- **Imagine how you would react in a similar situation.**

Keep reading, keep learning, and keep improving your fluency in English!

———

AUDIOLIBRO DE PRONUNCIACIÓN BOOK 3 - CHAPTER 1

Usa estos audios a tu favor. **Escucha, repite, imita la pronunciación y pierde el miedo a hablar.** Cuanto más te expongas al inglés, más rápido mejorarás. ¡Tu inglés fluido está a solo unos clics de distancia! 🚀

BOOK 3 - CHAPTER 1

CAPÍTULO 13
THE STORM THAT CHANGED EVERYTHING

LOST IN THE SNOW

Emma had always loved winter. The way the **snow** covered the streets like a soft, white blanket and the way the **wind** made the trees sway fascinated her. But on this particular evening, she realized that **cold weather** could be more dangerous than she had ever imagined.

She had been driving home from her grandmother's house when a sudden **snowstorm** hit. The **sky** turned dark, and thick **snowflakes** fell rapidly, covering the road. The visibility was terrible, and before she knew it, her car's tires skidded on the icy pavement.

"Oh no!" she gasped, gripping the steering wheel tightly. But it was too late—her car slid off the road and got stuck in a pile of **snow**.

Emma's **heart** pounded. She grabbed her **coat**, wrapped her **scarf** around her **neck**, and pulled on her thick **gloves**. She needed to find help, but the **wind** was howling, and the temperature was dropping fast.

Stepping out of the car, she realized the **snow** was deeper than she thought. Her **boots** sank with every step, making it difficult to walk. The **air** was freezing, and her **breath** came out in small white clouds.

After what felt like hours, she saw a small cabin with **smoke** rising from the **chimney**. She gathered all her strength and knocked on the wooden **door**.

An elderly man opened it, his **eyes** filled with concern. "Come in, dear! You must be freezing!"

Emma stepped inside, immediately feeling the warmth of the **fireplace**. She removed her wet **jacket** and held her **hands** close to the flames.

"Thank you so much," she said, her **voice** shaking. "My car is stuck in the **snow**, and I didn't know what to do."

"You were lucky to find my cabin," the old man said, handing her a **hot cup of tea**. "A **storm** like this can be dangerous if you're not dressed properly."

Emma nodded, realizing how important her **hat**, **gloves**, and **scarf** had been in keeping her warm.

As the **storm** raged outside, she listened to the old man's stories about the harsh **winters** he had survived. By morning, the **sky** was clear, the **sun** shining over the sparkling **snow**.

The old man helped her call for roadside assistance, and within an hour, help arrived. Before leaving, Emma smiled at her new friend.

"Thank you for everything. I'll never underestimate a **snowstorm** again."

The old man chuckled. "Always respect the **weather**, my dear. And always dress warmly!"

As Emma drove home, she looked at the white-covered world around her, grateful for the kindness of strangers and the importance of being prepared for any **season**.

COMPREHENSION QUESTIONS (PREGUNTAS DE COMPRENSIÓN)

> ✎ ¡Ojo! (si estás en versión eBook) Como en el eBook no se puede escribir directamente, toma tu cuaderno favorito o una hoja suelta para apuntar tus respuestas. Así lo aprovechas al máximo y aprendes mucho más. ¡Manos a la obra!

1. Where was Emma driving from when the storm hit?

   (¿De dónde venía Emma cuando comenzó la tormenta?)

   2. What happened to Emma's car during the snowstorm?

   (¿Qué le pasó al auto de Emma durante la tormenta de nieve?)

   3. What did Emma wear to protect herself from the cold?

   (¿Qué usó Emma para protegerse del frío?)

   4. What did Emma see in the distance that gave her hope?

   (¿Qué vio Emma a lo lejos que le dio esperanza?)

   5. How did the elderly man help Emma?

   (¿Cómo ayudó el anciano a Emma?)

   6. What did the old man say about storms?

   (¿Qué dijo el anciano sobre las tormentas?)

   7. What was Emma drinking while warming up?

   (¿Qué estaba bebiendo Emma mientras se calentaba?)

   8. How did the storm affect the visibility on the road?

   (¿Cómo afectó la tormenta la visibilidad en la carretera?)

   9. What lesson did Emma learn from this experience?

   (¿Qué lección aprendió Emma de esta experiencia?)

   10. Why do you think the title is "Lost in the Snow"?

   (¿Por qué crees que el título es "Perdida en la nieve"?)

☑ **True or False (Verdadero o Falso)**

1. Emma was driving in the summer. *(Falso)*
2. The storm made it difficult for Emma to see the road. *(Verdadero)*
3. Emma was wearing sandals when she got out of the car. *(Falso)*
4. The old man had a warm fireplace inside his cabin. *(Verdadero)*
5. Emma knocked on the door of a supermarket. *(Falso)*
6. The old man gave Emma hot chocolate. *(Falso, le dio té)*
7. The next morning, the sun was shining. *(Verdadero)*
8. Emma realized she should always respect the weather. *(Verdadero)*
9. The storm lasted for only a few minutes. *(Falso)*
10. The story takes place in a desert. *(Falso)*

Grammar and Vocabulary Highlights (Puntos Claves de Gramática y Vocabulario)

☑ **Weather Vocabulary (Vocabulario sobre el clima)**: snow, storm, wind, air, sun, fireplace, chimney, smoke, etc.

✅ **Clothing for cold weather (Ropa para el frío):** coat, scarf, gloves, boots, hat, jacket, etc.

✅ **Actions related to weather and survival (Acciones relacionadas con el clima y la supervivencia):** shiver, freeze, knock, warm up, sink, grip, slide, breathe, wrap, etc.

✅ **Common weather expressions (Expresiones comunes sobre el clima):**

- "The sky turned dark." *(El cielo se oscureció.)*
- "Snow covered the streets like a white blanket." *(La nieve cubría las calles como una manta blanca.)*
- "The wind was howling." *(El viento aullaba.)*
- "She held her hands close to the flames." *(Acercó sus manos a las llamas.)*

Now it's your turn!

- Answer the comprehension questions in your own words.
- Try using some of the vocabulary words in sentences.
- Describe a time when you experienced extreme weather.

Keep reading, keep learning, and keep improving your fluency in English!

AUDIOLIBRO DE PRONUNCIACIÓN BOOK 3 - CHAPTER 2

Usa estos audios a tu favor. **Escucha, repite, imita la pronunciación y pierde el miedo a hablar.** Cuanto más te expongas al inglés, más rápido mejorarás. ¡Tu inglés fluido está a solo unos clics de distancia! 🚀

BOOK 3 - CHAPTER 2

CAPÍTULO 14
THE GREAT ADVENTURE

LOST IN THE FOREST

The sun was shining brightly as a group of young **scouts** hiked through the dense **forest**. It was their first time going on a **camping trip** without their parents, and excitement filled the **air**.

"Alright, everyone," said Mr. Johnson, their **camp leader**, "let's set up our **tents** before it gets dark."

The children eagerly grabbed their **sleeping bags**, unrolled them inside the **tents**, and helped gather **firewood**. Tim, the most adventurous of the group, decided to explore a bit while the others were busy.

"Don't go too far," warned his friend Sarah.

"I'll just check out that big **tree** over there," Tim said, pointing to a massive **oak tree** in the distance.

As he walked through the **tall grass**, he noticed a strange footprint near the **riverbank**. "Wow, this looks like an animal track!" he whispered. He followed the tracks deeper into the **woods**, unaware that he was moving far from the **campsite**.

Meanwhile, back at the **campfire**, the other kids were roasting **marshmallows** and telling **scary stories**.

"Where's Tim?" asked Sarah, looking around.

The kids exchanged worried **glances**. "I think he went towards the **river**," one of them said.

Mr. Johnson immediately grabbed a **flashlight**. "We need to find him before it gets completely dark."

Tim, realizing he had lost his way, felt his **heart** pound. The **forest** that had seemed so exciting now felt vast and unfamiliar. He tried to retrace his steps, but every **path** looked the same.

Just as he started to panic, he remembered his **compass**! "I just need to head west, back towards the **campfire**," he told himself. He took a deep **breath**, followed the **directions**, and within minutes, he saw the glow of the **fire**.

The group cheered when they saw him approaching. "Tim! You scared us!" Sarah exclaimed.

Tim sighed in relief. "I learned my lesson. Never go off alone!"

That night, under the twinkling **stars**, the kids shared stories inside their **tents**, feeling grateful for their friendship and their unforgettable adventure.

COMPREHENSION QUESTIONS (PREGUNTAS DE COMPRENSIÓN)

> ✎ ¡Ojo! (si estás en versión eBook) Como en el eBook no se puede escribir directamente, toma tu cuaderno favorito o una hoja suelta para apuntar tus respuestas. Así lo aprovechas al máximo y aprendes mucho más. ¡Manos a la obra!

1. Where were the children going in the story?
   (*¿A dónde iban los niños en la historia?*)
   2. What did Mr. Johnson ask the children to do before it got dark?
   (*¿Qué les pidió hacer el Sr. Johnson antes de que oscureciera?*)
   3. What did Tim decide to do while the others were setting up camp?
   (*¿Qué decidió hacer Tim mientras los demás montaban el campamento?*)
   4. What did Tim find near the riverbank?
   (*¿Qué encontró Tim cerca de la orilla del río?*)
   5. How did the other kids notice that Tim was missing?
   (*¿Cómo se dieron cuenta los otros niños de que Tim no estaba?*)
   6. What did Mr. Johnson do when he realized Tim was lost?
   (*¿Qué hizo el Sr. Johnson cuando se dio cuenta de que Tim estaba perdido?*)
   7. How did Tim find his way back to the camp?
   (*¿Cómo encontró Tim el camino de regreso al campamento?*)
   8. What lesson did Tim learn from this adventure?
   (*¿Qué lección aprendió Tim de esta aventura?*)
   9. What were the kids doing around the campfire before they realized Tim was missing?
   (*¿Qué estaban haciendo los niños alrededor de la fogata antes de darse cuenta de que Tim no estaba?*)
   10. Why do you think the story is called "Lost in the Forest"?
   (*¿Por qué crees que la historia se llama "Perdido en el bosque"?*)

☑ True or False (Verdadero o Falso)

1. The children were on a camping trip with their parents. (*Falso*)
2. Tim stayed with the group the entire time. (*Falso*)
3. Tim saw an animal footprint near the riverbank. (*Verdadero*)
4. The kids were roasting marshmallows around the campfire. (*Verdadero*)
5. Mr. Johnson didn't care that Tim was missing. (*Falso*)
6. Tim found his way back by following his compass. (*Verdadero*)
7. Tim learned that exploring alone can be dangerous. (*Verdadero*)
8. The group was upset when Tim returned. (*Falso*)
9. The story takes place in the city. (*Falso*)
10. The kids slept in cabins instead of tents. (*Falso*)

GRAMMAR AND VOCABULARY HIGHLIGHTS (PUNTOS CLAVES DE GRAMÁTICA Y VOCABULARIO)

☑ Camping Vocabulary (Vocabulario de campamento):

- tent (tienda de campaña)
- sleeping bag (saco de dormir)
- campfire (fogata)

- compass (brújula)
- firewood (leña)
- flashlight (linterna)

☑ **Nature Elements (Elementos de la naturaleza)**:

- forest (bosque)
- riverbank (orilla del río)
- tall grass (pasto alto)
- stars (estrellas)
- tree (árbol)

☑ **Common camping expressions (Expresiones comunes en campamento)**:

- "Let's set up the tents." *(Armemos las tiendas de campaña.)*
- "Always stay close to the group." *(Siempre mantente cerca del grupo.)*
- "Follow the compass to find your way back." *(Sigue la brújula para encontrar el camino de regreso.)*

☑ **True or False Answers (Respuestas de Verdadero o Falso)**

1. **Falso** – The children were with their camp leader, not their parents.
2. **Falso** – Tim wandered off alone.
3. **Verdadero** – Tim saw an animal footprint near the river.
4. **Verdadero** – The kids were roasting marshmallows around the fire.
5. **Falso** – Mr. Johnson was very worried and searched for Tim.
6. **Verdadero** – Tim used his compass to find his way back.
7. **Verdadero** – He realized that exploring alone can be dangerous.
8. **Falso** – The group was relieved and happy when Tim returned.
9. **Falso** – The story takes place in a forest, not a city.
10. **Falso** – The kids slept in tents, not cabins.

Now it's your turn!

- **Answer the comprehension questions in your own words.**
- **Try using some of the vocabulary words in sentences.**
- **Describe a camping experience you've had or would like to have.**

———

AUDIOLIBRO DE PRONUNCIACIÓN BOOK 3 - CHAPTER 3

Usa estos audios a tu favor. **Escucha, repite, imita la pronunciación y pierde el miedo a hablar.** Cuanto más te expongas al inglés, más rápido mejorarás.

CAPÍTULO 15
A JOURNEY THROUGH THE STARS

BEYOND THE TELESCOPE

Liam had always been fascinated by the **stars**. Every night, he would stare at the **sky**, wondering what lay beyond the twinkling lights. His dream was to become an **astronomer**, and tonight was his chance to learn from the best—Professor Harris, the school's most passionate **astronomy** teacher.

"Come closer, Liam," Professor Harris said, adjusting the large **telescope** on the rooftop observatory. "Tonight, I'm going to show you the wonders of the **universe**."

Liam's **eyes** widened with excitement as he peered through the **lens**. "Wow! I see a huge glowing circle. Is that the **Moon**?"

"Exactly," the professor nodded. "The **Moon** is Earth's only **natural satellite**. Its **surface** is covered in **craters**, formed by meteor impacts millions of years ago."

Liam adjusted the **focus** and gasped. "I can see shadows on it!"

"That's because the **Sun**'s light casts shadows on the **lunar surface**. The **Moon** doesn't shine by itself—it reflects sunlight."

Liam looked up at the night **sky**, his mind buzzing with curiosity. "What about those bright dots? Are they just **stars**?"

"Some are," the professor said, pointing to a particularly bright one. "But not all. That one, for example, is **Jupiter**—the largest **planet** in our **solar system**. It has at least 79 **moons**!"

"Seventy-nine?" Liam nearly dropped the **telescope** in surprise. "That's incredible!"

Professor Harris chuckled. "And look over here," he said, guiding the **telescope** to another glowing object. "That's **Saturn**, known for its beautiful **rings** made of **ice** and **rock**."

Liam could barely contain his excitement. "It looks so small from here!"

"That's because it's millions of miles away," the professor explained. "But in reality, **Saturn** is huge. If you could stand on it—which you can't, because it's a **gas giant**—you'd see those **rings** stretching thousands of miles wide."

Liam looked away from the **telescope**, his thoughts racing. "So, every point of light in the **sky** could be a **star**, a **planet**, or even a **galaxy**?"

"Exactly," the professor said. "Some of those **stars** have their own **solar systems**, with **planets** orbiting them, just like Earth orbits the **Sun**."

Liam smiled, feeling small yet full of wonder. "It's amazing to think that we're just a tiny part of something so big."

The professor patted him on the back. "That's the beauty of **astronomy**. The more you learn, the more you realize how much there is still to discover."

As Liam looked back up at the endless **universe**, he knew one thing for sure—his journey to the **stars** was only just beginning.

COMPREHENSION QUESTIONS (PREGUNTAS DE COMPRENSIÓN)

> ✎ ¡Ojo! (si estás en versión eBook) Como en el eBook no se puede escribir directamente, toma tu cuaderno favorito o una hoja suelta para apuntar tus respuestas. Así lo aprovechas al máximo y aprendes mucho más. ¡Manos a la obra!

1. Who is Liam learning from in the story?
   (*¿De quién está aprendiendo Liam en la historia?*)
2. What was the first thing Liam saw through the telescope?
   (*¿Qué fue lo primero que vio Liam a través del telescopio?*)
3. Why does the Moon have shadows on its surface?
   (*¿Por qué la Luna tiene sombras en su superficie?*)
4. What is the largest planet in the solar system?
   (*¿Cuál es el planeta más grande del sistema solar?*)
5. How many moons does Jupiter have?
   (*¿Cuántas lunas tiene Júpiter?*)
6. What makes Saturn unique?
   (*¿Qué hace a Saturno especial?*)
7. Why can't someone stand on Saturn?
   (*¿Por qué no se puede estar de pie en Saturno?*)
8. What are some things Liam learns about the universe?
   (*¿Cuáles son algunas cosas que Liam aprende sobre el universo?*)
9. How does Liam feel after his lesson with Professor Harris?
   (*¿Cómo se siente Liam después de su lección con el Profesor Harris?*)
10. Why do you think the story is called "Beyond the Telescope"?
    (*¿Por qué crees que la historia se llama "Más allá del telescopio"?*)

✅ True or False (Verdadero o Falso)
1. Liam wasn't interested in astronomy. (*Falso*)
2. The professor showed Liam the Moon first. (*Verdadero*)
3. The Moon produces its own light. (*Falso*)
4. Jupiter is the biggest planet in the solar system. (*Verdadero*)
5. Saturn's rings are made of fire. (*Falso*)
6. The telescope allowed Liam to see the planets clearly. (*Verdadero*)
7. Saturn is a gas giant, meaning it has a solid surface. (*Falso*)
8. Every dot in the sky is a star. (*Falso*)
9. The professor told Liam that some stars have their own planets. (*Verdadero*)
10. Liam decided that he wanted to learn more about astronomy. (*Verdadero*)

GRAMMAR AND VOCABULARY HIGHLIGHTS (PUNTOS CLAVES DE GRAMÁTICA Y VOCABULARIO)

☑ **Astronomy Vocabulary (Vocabulario de astronomía):**

- **telescope** (telescopio)
- **planet** (planeta)
- **star** (estrella)
- **solar system** (sistema solar)
- **moon** (luna)
- **galaxy** (galaxia)
- **rings** (anillos)
- **meteor** (meteoro)

☑ **Common Astronomy Expressions (Expresiones comunes en astronomía):**

- "The Moon reflects sunlight." (*La Luna refleja la luz del Sol.*)
- "Jupiter has at least 79 moons." (*Júpiter tiene al menos 79 lunas.*)
- "Saturn's rings are made of ice and rock." (*Los anillos de Saturno están hechos de hielo y roca.*)
- "The universe is endless." (*El universo es infinito.*)

☑ **True or False Answers (Respuestas de Verdadero o Falso)**

1. **Falso** – Liam was very interested in astronomy.
2. **Verdadero** – The professor showed him the Moon first.
3. **Falso** – The Moon doesn't produce light; it reflects sunlight.
4. **Verdadero** – Jupiter is the biggest planet in the solar system.
5. **Falso** – Saturn's rings are made of ice and rock, not fire.
6. **Verdadero** – The telescope allowed Liam to see planets clearly.
7. **Falso** – Saturn is a gas giant, meaning it has no solid surface.
8. **Falso** – Not every dot in the sky is a star; some are planets or galaxies.
9. **Verdadero** – The professor explained that some stars have their own planets.
10. **Verdadero** – Liam became even more interested in astronomy.

Now it's your turn!

- **Answer the comprehension questions in your own words.**
- **Try using some of the vocabulary words in sentences.**
- **Describe a time when you looked at the night sky and wondered about space.**

Keep reaching for the stars!

———

AUDIOLIBRO DE PRONUNCIACIÓN BOOK 3 - CHAPTER 4

Usa estos audios a tu favor. **Escucha, repite, imita la pronunciación y pierde el miedo a hablar**. Cuanto más te expongas al inglés, más rápido mejorarás. ¡Tu inglés fluido está a solo unos clics de distancia! 🚀👍

BOOK 3 - CHAPTER 4

CAPÍTULO 16
THE ROAD TO CONFIDENCE

LEARNING TO DRIVE

Sophie's hands trembled slightly as she gripped the **steering wheel** for the first time. Her father, Mr. Martinez, sat in the **passenger seat**, calm and smiling.

"Relax, Sophie," he said. "Driving is all about control and confidence. Just take a deep **breath**."

Sophie exhaled and nodded. "Okay, Dad. What do I do first?"

"First, check your **mirrors** and make sure your **seatbelt** is fastened," he instructed.

She adjusted the **rearview mirror**, tightened her **seatbelt**, and glanced at the **dashboard**.

"Good," her father said. "Now, press the **brake pedal** and shift the **gear** into 'Drive'."

Sophie's **foot** hovered over the **gas pedal** nervously. The car moved forward slowly as she pressed it gently.

"Nice and easy," her dad encouraged. "Now, let's go over some basic **traffic rules** while we drive around the neighborhood."

As they approached the first **intersection**, Sophie saw a bright red **STOP sign** ahead.

"Okay, what does that sign mean?" her father quizzed.

"That I have to **stop** completely before continuing," she replied, pressing the **brake pedal**.

"Exactly! And always look both ways before you move forward."

She carefully checked both sides and continued driving. A few blocks later, they reached a **traffic light** that turned **yellow**.

"What should you do now?" Mr. Martinez asked.

Sophie hesitated. "Slow down and prepare to **stop**, right?"

"That's correct! Many new drivers panic and speed up when they see a yellow light, but you should always be cautious."

They kept driving through quiet streets, passing different **road signs: speed limit signs, pedestrian crossings,** and **one-way streets**.

At one point, Sophie saw a **yield sign** and asked, "What does that one mean?"

"It means you must give way to other cars before merging," her dad explained.

Feeling more confident, Sophie drove towards a **roundabout**. "I enter on the right and yield to the cars already inside, correct?"

Her father beamed. "You've been paying attention!"

They turned onto a larger **roadway**, where the speed limit increased. Sophie felt the car accelerate as she pressed the **gas pedal**, but she remained steady.

"Look at you!" her dad laughed. "You're a natural!"

Just then, a cyclist appeared near the **bike lane**. Sophie immediately slowed down and gave him space.

"Good reflexes," Mr. Martinez said. "Always watch for **pedestrians**, **bicycles**, and other vehicles. Anticipate what's happening around you."

Finally, they pulled into their **driveway**, and Sophie put the **car** in 'Park' before turning off the **engine**.

Her father clapped his **hands**. "That was an excellent first lesson!"

Sophie sighed in relief and smiled. "That wasn't as bad as I thought!"

"Driving is about practice and patience," Mr. Martinez said. "You'll get better each time. And soon, you'll be ready for the highway!"

She laughed. "Let's not rush it, Dad!"

As she stepped out of the **car**, she looked back at the **steering wheel** and felt a new sense of independence. She had taken her first step towards the open road.

COMPREHENSION QUESTIONS (PREGUNTAS DE COMPRENSIÓN)

> ✎ ¡Ojo! (si estás en versión eBook) Como en el eBook no se puede escribir directamente, toma tu cuaderno favorito o una hoja suelta para apuntar tus respuestas. Así lo aprovechas al máximo y aprendes mucho más. ¡Manos a la obra!

1. What is Sophie doing for the first time in the story?
   (¿Qué está haciendo Sophie por primera vez en la historia?)
   2. What does Sophie's father tell her to check before starting the car?
   (¿Qué le dice su padre que revise antes de arrancar el auto?)
   3. What does the STOP sign mean?
   (¿Qué significa la señal de STOP?)
   4. What should a driver do when approaching a yellow traffic light?
   (¿Qué debe hacer un conductor al acercarse a un semáforo amarillo?)
   5. What is a yield sign, and what does it tell drivers to do?
   (¿Qué es una señal de "YIELD" y qué indica a los conductores?)
   6. What does Sophie do when she sees a cyclist on the road?
   (¿Qué hace Sophie cuando ve un ciclista en la carretera?)
   7. What part of driving does Sophie find easier than expected?
   (¿Qué parte de conducir le pareció más fácil de lo que esperaba?)
   8. How does Sophie feel at the end of her first driving lesson?
   (¿Cómo se siente Sophie al final de su primera clase de manejo?)
   9. Why does Mr. Martinez tell Sophie that she will soon be ready for the highway?
   (¿Por qué le dice el Sr. Martinez a Sophie que pronto estará lista para la autopista?)
   10. What does Sophie realize about driving by the end of the story?
   (¿Qué se da cuenta Sophie sobre conducir al final de la historia?)

True or False (Verdadero o Falso)
1. Sophie had driven a car many times before. (*Falso*)
2. Sophie adjusted the rearview mirror before starting to drive. (*Verdadero*)
3. Sophie ignored the STOP sign at the intersection. (*Falso*)
4. Mr. Martinez taught Sophie to speed up when the light turned yellow. (*Falso*)

5. Sophie correctly identified a yield sign. *(Verdadero)*
6. Sophie did not know how to use the gas pedal. *(Falso)*
7. Sophie gave space to a cyclist on the road. *(Verdadero)*
8. Sophie panicked when she entered the roundabout. *(Falso)*
9. Sophie was excited to drive on the highway right away. *(Falso)*
10. By the end of the lesson, Sophie felt more confident about driving. *(Verdadero)*

GRAMMAR AND VOCABULARY HIGHLIGHTS (PUNTOS CLAVES DE GRAMÁTICA Y VOCABULARIO)

☑ **Driving and Car Vocabulary (Vocabulario de manejo y automóviles):**

- **steering wheel** (volante)
- **gas pedal** (pedal del acelerador)
- **brake pedal** (pedal de freno)
- **gear shift** (palanca de cambios)
- **rearview mirror** (espejo retrovisor)
- **seatbelt** (cinturón de seguridad)
- **dashboard** (tablero)

☑ **Traffic Signs (Señales de tránsito):**

- **STOP sign** (señal de alto)
- **Yield sign** (señal de ceder el paso)
- **Traffic light** (semáforo)
- **Speed limit sign** (señal de límite de velocidad)
- **Pedestrian crossing** (cruce peatonal)
- **One-way street** (calle de un solo sentido)

☑ **Common Driving Instructions (Instrucciones comunes al conducir):**

- "Check your mirrors before starting." *(Revisa los espejos antes de arrancar.)*
- "Always slow down at a yellow light." *(Siempre disminuye la velocidad con la luz amarilla.)*
- "Look both ways before continuing." *(Mira en ambas direcciones antes de continuar.)*

☑ **True or False Answers (Respuestas de Verdadero o Falso)**
1. **Falso** – Sophie was driving for the first time.
2. **Verdadero** – She adjusted the mirror before driving.
3. **Falso** – She stopped at the STOP sign.
4. **Falso** – Mr. Martinez taught her to slow down at a yellow light.
5. **Verdadero** – She correctly identified the yield sign.
6. **Falso** – She knew how to use the gas pedal.
7. **Verdadero** – She slowed down for the cyclist.
8. **Falso** – She handled the roundabout correctly.
9. **Falso** – She wasn't ready for the highway yet.

10 **Verdadero** – Sophie felt more confident by the end.

Now it's your turn!

- Answer the comprehension questions in your own words.
- Try using some of the vocabulary words in sentences.
- Describe a time when you learned something new and gained confidence.

Keep driving forward in your English learning journey!

———

AUDIOLIBRO DE PRONUNCIACIÓN BOOK 3 - CHAPTER 5

Usa estos audios a tu favor. **Escucha, repite, imita la pronunciación y pierde el miedo a hablar**. Cuanto más te expongas al inglés, más rápido mejorarás. ¡Tu inglés fluido está a solo unos clics de distancia! 🚀✨

BOOK 3 - CHAPTER 5

TU AVENTURA CON EL INGLÉS A TRAVÉS DE HISTORIAS APENAS COMIENZA

¡LLEGASTE AL FINAL DEL LIBRO! PERO, SEAMOS SINCEROS... ESTO NO ES REALMENTE EL FINAL, ¿VERDAD?

A lo largo de estas páginas, viajaste por **universidades, carreteras, campamentos, el espacio y más**, aprendiendo inglés de una manera diferente: **a través de historias reales, emocionantes y memorables**. Y eso es exactamente lo que hace que aprender un idioma sea más efectivo y divertido.

Cada historia no solo te enseñó nuevas palabras y estructuras gramaticales, sino que **te hizo sentir el idioma**. No solo leíste sobre Margaret volviendo a la universidad, **viviste su emoción y su desafío**. No solo aprendiste sobre señales de tránsito, **estuviste en el asiento del conductor con Sophie**.

¿Y AHORA QUÉ?

Vuelve a leer las historias. Ahora que las conoces, intenta comprenderlas mejor. Verás que cada vez notarás nuevas expresiones, frases y estructuras que antes no habías notado.

Léelas en voz alta. No basta con entenderlas, también necesitas entrenar tu pronunciación. Imagina que estás actuando los diálogos, repite las frases en voz alta y escucha cómo suenan.

Ponlas en práctica. Intenta escribir un pequeño resumen de cada historia usando tus propias palabras en inglés. O mejor aún, inventa un final alternativo para alguna de ellas.

No te detengas aquí. Este libro es solo una parte de tu camino. Sigue aprendiendo, sigue leyendo, sigue sumergiéndote en el inglés. **Cada palabra nueva que aprendes es un paso más hacia la fluidez.**

Porque aprender un idioma **no es solo memorizar reglas**—es hacerlo parte de tu vida.

Así que dime... ¿estás listo para la siguiente historia? 😊

Nos vemos en el próximo libro. ¡Sigue avanzando!

CONCLUSIÓN

TU VIAJE HACIA EL INGLÉS FLUIDO CONTINÚA

¡Lo lograste! Has llegado al final de este libro, y con ello, has dado un paso gigantesco en tu camino hacia el dominio del inglés. A lo largo de estas historias, has viajado en el tiempo, explorado mundos imaginarios, aprendido sobre la vida cotidiana, e incluso te has sumergido en el fascinante universo de los tiempos verbales avanzados. Pero esto no es el final, ¡es solo el comienzo de algo aún más grande!

Cada una de estas historias ha sido diseñada para que no solo leas, sino que **absorbas el idioma**, que lo sientas como algo natural y parte de tu día a día. Has trabajado con tiempos verbales complejos como el **pasado perfecto**, el **presente perfecto continuo**, el **futuro perfecto** y más. Ahora tienes herramientas poderosas para hablar con confianza sobre experiencias pasadas, planes futuros y situaciones hipotéticas.

Pero aprender un idioma no se trata solo de estudiar reglas y memorizar palabras; se trata de **vivir el idioma**. Así que aquí van algunos consejos para que sigas avanzando y lleves tu inglés al siguiente nivel:

☑ **Sigue practicando con historias en inglés.** La lectura es una de las mejores formas de mejorar tu vocabulario y gramática sin esfuerzo. Puedes releer estas historias en voz alta, enfocarte en los diálogos o incluso intentar escribir tus propias versiones con nuevos finales.

☑ **Escucha y sumérgete en el idioma.** Mira películas y series en inglés, escucha podcasts sobre temas que te interesen, y pon música en inglés en tu día a día. La inmersión es clave para entrenar tu oído y mejorar tu pronunciación.

☑ **Habla sin miedo.** No esperes a ser "perfecto" para empezar a hablar. Usa lo que ya sabes, equívocate, aprende y sigue adelante. Busca oportunidades para conversar en inglés, ya sea con amigos, profesores o incluso en grupos de intercambio de idiomas.

Recuerda: el camino para aprender un idioma es una **aventura**, y cada palabra que aprendes es una nueva puerta que se abre. Sigue explorando, sigue practicando y, sobre todo, **sigue disfrutando del proceso**.

Tu inglés avanzado ya está aquí.

Ahora solo queda una pregunta: ¿qué historia escribirás a continuación? 😊📖

Aprende Idiomas Fácil

www.ingramcontent.com/pod-product-compliance
Lightning Source LLC
Chambersburg PA
CBHW081325120626

46546CB00011B/3230